Weg zur Form
Die Zinngießertradition der
Familie Wiedamann

Regensburger Studien und Quellen zur Kulturgeschichte
Band 23
Herausgegeben von den Museen der Stadt Regensburg

WEG ZUR FORM

Die Zinngießertradition der Familie Wiedamann

Caroline-Sophie Ebeling (Hg.)

Universitätsverlag Regensburg

INHALT

VORWORT

Es muss nicht immer Gold sein, was glänzt: Die Wiedamanns haben sich über mehrere Generationen ganz und gar dem Zinn verschrieben. Mit diesem Werkstoff prägten sie den einzigartigen Ruf der Donaustadt in der Welt des Kunsthandwerks. Über eineinhalb Jahrhunderte hinweg, von 1821 bis in die frühen 1980er Jahre, stattete die Zinngießerwerkstatt mit Firmensitz in der Brückstraße 4 die Wohnzimmer des Adels und des Bürgertums aus, mit Gebrauchs- und Repräsentationsgeschirr, mit Bechern, Kannen, Tellern und Platten.

Bis heute existiert der einstmals zur Werkstatt gehörige Laden. Damit wird die Tradition eines Hauses am Leben erhalten, das seit Beginn des 20. Jahrhundert internationale Anerkennung genoss. Eugen Wiedamann (1873–1954) erfüllte mit seinen Objekten Ansprüche des gehobenen Kunsthandwerks. Das, was in anderen Materialbereichen – etwa Glas, Keramik oder Silber – längst üblich war, sollte nach seiner Anschauung auch im Zinnhandwerk Geltung erhalten.

So präsentierte er zusammen mit dem Künstler und Architekten Christian Metzger (1874–1942) auf der Oberpfälzer Kreisausstellung 1910 unter anderem ein Frühstücksservice, das in seiner Formensprache ganz den Geist des Münchener Jugendstils atmete. Im Jahr 1911 besuchte Eugen Wiedamann den Meisterkurs des Bayerischen Gewerbemuseums Nürnberg unter der Leitung des bekannten Kunstgewerbelehrers Friedrich Adler (1878–1942). Hatte dieser Judaica im floralen Jugendstil entworfen, führte Wiedamann diese nun in seiner Werkstatt aus und präsentierte sie auf der Deutschen Werkbundausstellung 1914 in Köln.

1929 fand die Zinngießerei in dem aus Prag stammenden Wolfgang von Wersin (1882–1976) wiederum einen Künstler, mit dem der Stil der Neuen Sachlichkeit Einzug in der Regensburger Werkstatt hielt. Auch die eigenen Entwürfe von Richard Wiedamann sen. (1905–1969) bekamen bei der Weltausstellung in Paris 1937 den Grand Prix zugesprochen. Die bei den Triennalen in Mailand der Jahre 1937 und 1940 erhaltenen Ehrendiplome bestätigten diesen eingeschlagenen Kurs.

Nicht nur namhafte Häuser wie die Neue Sammlung München, das Germanische Nationalmuseum in Nürnberg oder das Grassimuseum in Leipzig verfügen über Wiedamann-Zinn in ihren Beständen, auch die Stadt Regensburg begann schon in den 1930er Jahren, zahlreiche Stücke aus dem Familienbetrieb zu erwerben. Ebenso ging der Nachlass – darunter die Entwurfszeichnungen, die Musterkataloge sowie ein Großteil der Korrespondenzen und Firmenunterlagen – an das Historische Museum, so dass heute eine seriöse historische Erforschung aus erster Hand möglich ist.

Diese wird von Caroline-Sophie Ebeling geleistet, die dem Thema »Wiedamann« ihre Promotionsarbeit widmet. Ihren umfangreichen Recherchen ist es zu verdanken, dass viele Objekte aus der Regensburger Sammlung sowie die Fotoglasplatten aus Familienbestand erstmals ins Licht der Öffentlichkeit rücken. Die Ausstellung »Weg zur Form. Die Zinngießertradition der Familie Wiedamann« würdigt nunmehr diese moderne Metamorphose der Formentwicklung des Regensburger Kunsthandwerkbetriebs und gratuliert zugleich zum 195-jährigen Firmenjubiläum.

Unser Dank gilt natürlich zuvorderst der Familie Wiedamann, ohne ihre unermüdliche Unterstützung könnten wir diesen bildgewaltigen Katalog nicht in Händen halten. Ebenso verbunden sind wir Dr. Otto Baumgärtel, Bernhard Bosse, Peter Esser und Stefan Reichmann. Nicht zuletzt trugen zwei Institutionen entscheidend zum Gelingen von Ausstellung wie Katalog bei: Wir freuen uns über die fruchtbare Zusammenarbeit mit dem Kunst- und Gewerbeverein Regensburg e.V., namentlich sei hier der 1. Vorsitzende Herrn Dr. Georg J. Haber genannt, sowie dem Universitätsverlag in der Verlagsgruppe Schnell und Steiner, vertreten durch ihren Geschäftsführer Dr. Albrecht Weiland.

So steht zu hoffen, dass sich die Regensburger eines Stückes Kulturgeschichte wieder bewusst werden und dazu beitragen, dass das Zinn, das einst im Ruf gestanden hatte, das »Silber der kleinen Leute« zu sein, in der Wiedamann'schen Bearbeitung den Ruf Regensburgs auch im 21. Jahrhundert vergoldet.

Klemens Unger
Kulturreferent der Stadt Regensburg

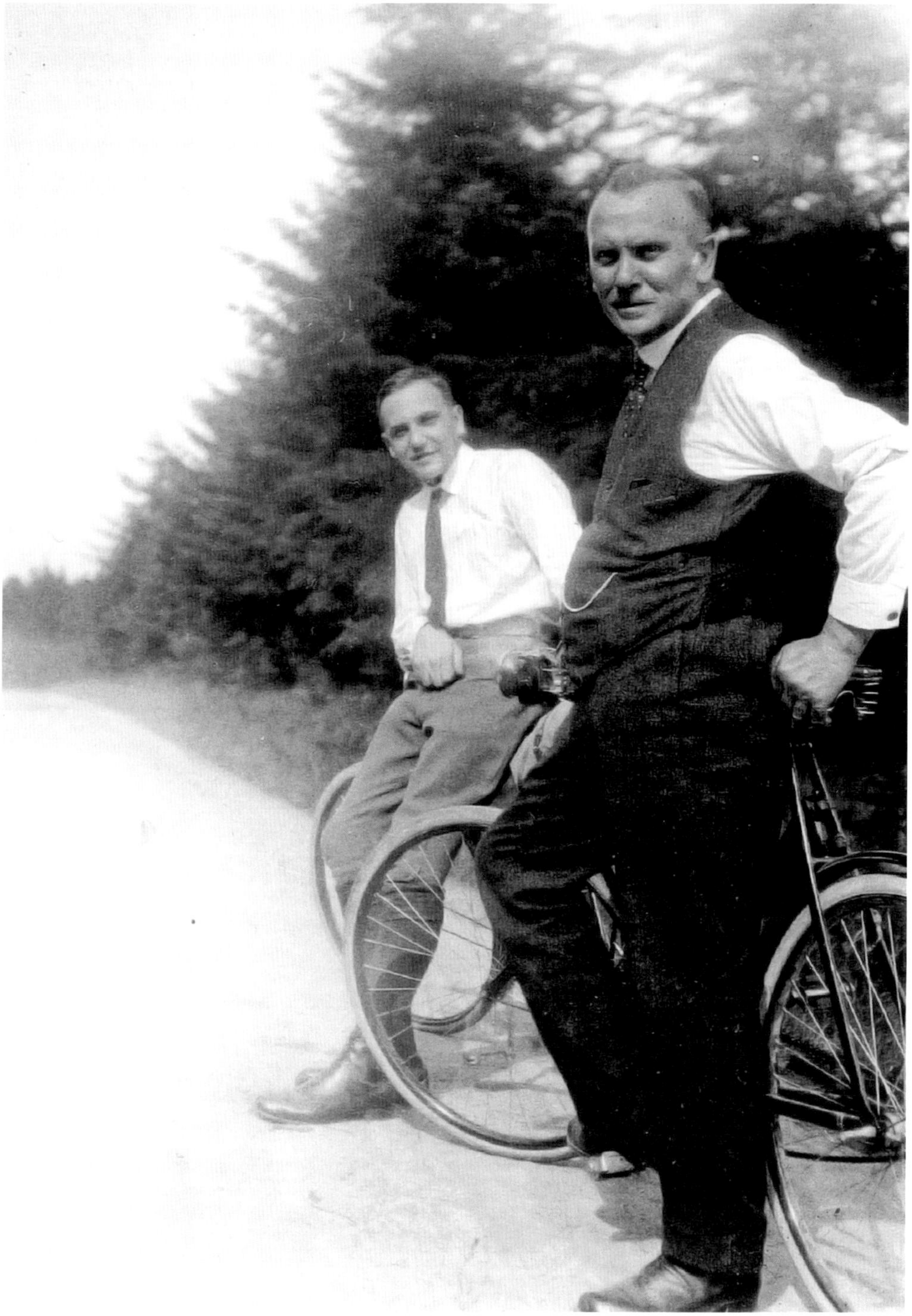

Richard Wiedamann sen. (links) und sein Vater Eugen Wiedamann ▪ um 1929 ▪ Fotografie ▪ Archiv Familie Wiedamann

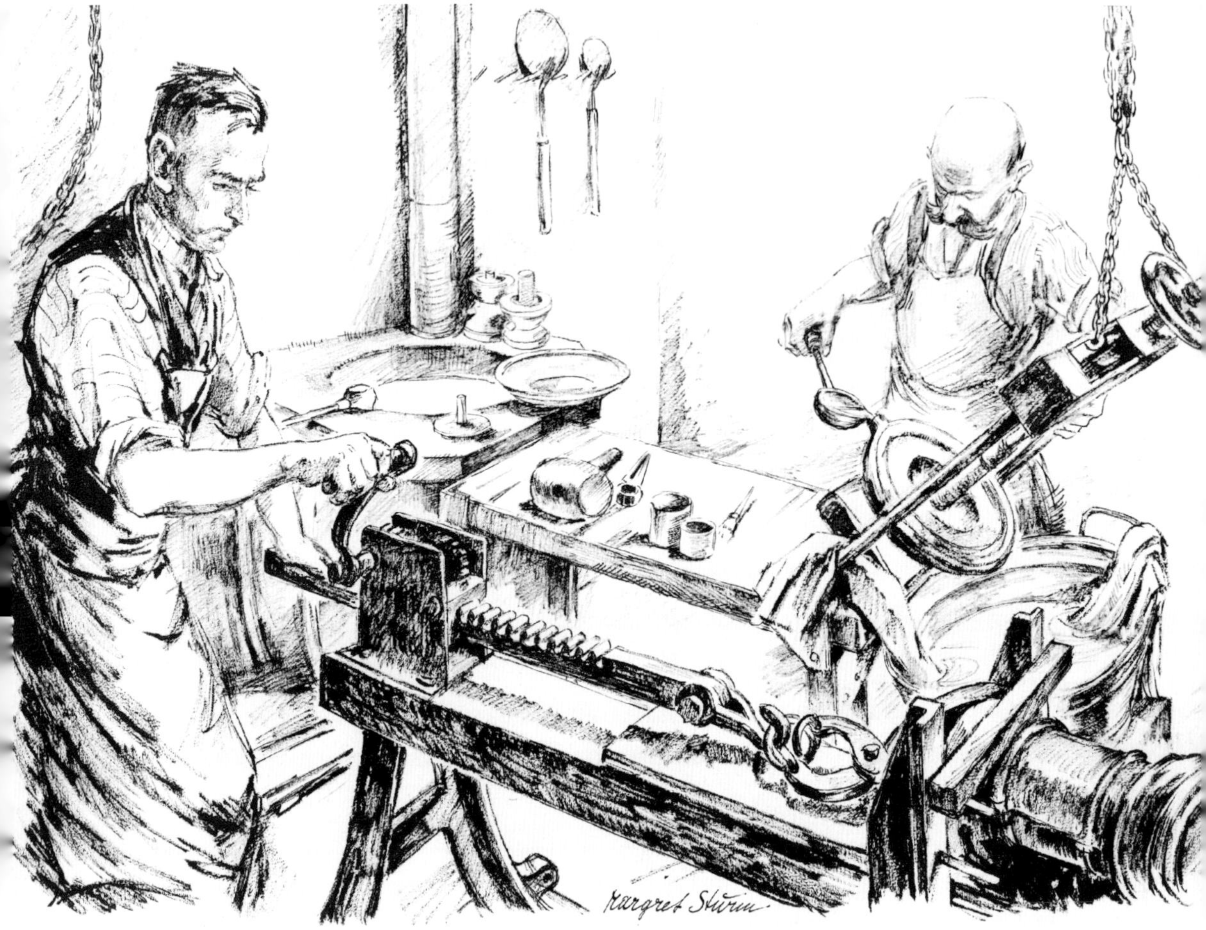

Abb. 1 Margret Sturm ▪ Grafiken aus der Werkstatt Wiedamann: In der Gießerei ▪ 1930er Jahre ▪ Archiv Familie Wiedamann

DIE WERKSTATT

SUSANNE WIEDAMANN

Großwerden in einem Zinngießerhaushalt: Da wird einem der Sinn für Handwerk, Kunst, Ästhetik, für die schönen Dinge, aber auch die schweißtreibende Arbeit doch schon in die Wiege gelegt, könnte man meinen. Doch tatsächlich war die Zinngießerei etwas, worüber in unserer Familie wenig gesprochen wurde. Die Werkstatt, der Laden – das war Geschäft und folglich nichts für Kinderohren. In dem achthundertjährigen Haus meiner Kindheit, in den 1960er und 70er Jahren, gab es etliche Räume, in denen wir Kinder nichts zu suchen hatten. Das Zinngeschäft in der Brückstraße war so ein Ort. Hier herrschte »Tante Gertrud«, eine ältere Dame, die nicht mit uns verwandt war, aber vor der auch meine Mutter und Großmutter so viel Respekt zu haben schienen, dass sie sich auf keine Diskussionen mit ihr einließen. Kinder, die alles anfassen wollten – das ging im Laden gar nicht. Der zweite verbotene Ort war – für uns besonders schmerzlich – der Spielwarenladen, der der Familie gehörte und der sich zunächst gleich neben dem Zinngeschäft befand. Später zog er stark verkleinert in den ersten Stock, bis er ganz geschlossen wurde. Nur die »Arztpraxis« für Puppen und Teddybären blieb über Jahrzehnte weiter offen. Und das Handwerk dieses Doktors, der die Puppen wieder neu fasste, ihnen Arme, Beine oder Augen zurückgab, wurde von meiner Großmutter an meine Mutter und von ihr wieder an meine Schwester weitergegeben.

Der dritte verbotene Ort war die Zinngießerei (Abb. 1). Die Werkstatt, die das ganze Hinterhaus erfüllte, war für uns drei Geschwister von besonderem Reiz. Hier erklangen den ganzen Tag über merkwürdige Geräusche, wurde geklopft, gerieben, geschliffen und an der Drehbank gedreht. Hier brodelte heißes Zinn im Kessel wie der Zaubertrank bei Asterix. Und auf dem Boden lagen Häufchen aus feinsten gezwirbelten Spänen, nur dass sie in dieser Werkstatt im Posthorngäßchen nicht aus Holz waren wie beim Schreinermeister Eder, sondern eben aus Zinn. Hier zischte und dampfte es. Hier lauerten Gefahren. Und hier hatten Kinder nichts zu suchen.

Selten erhielten wir Zugang. Dabei war dieser Ort doch wie für uns geschaffen. Unten, in der Versäuberung (Abb. 2), waren die Hocker der Arbeiter nur etwa 30 bis 40 cm hoch, wie für Zwerge. Die Arbeitsfläche lief als dicke Holzplatte in etwa 60 cm Höhe an zwei Seiten um den Raum herum, ideal für kleine Menschen. Diese Tischfläche hatte etliche zweckmäßige Aussparungen und durch jahrzehntelangen Gebrauch tiefe Kratzer erhalten. Hier hätten wir nichts kaputt machen können.

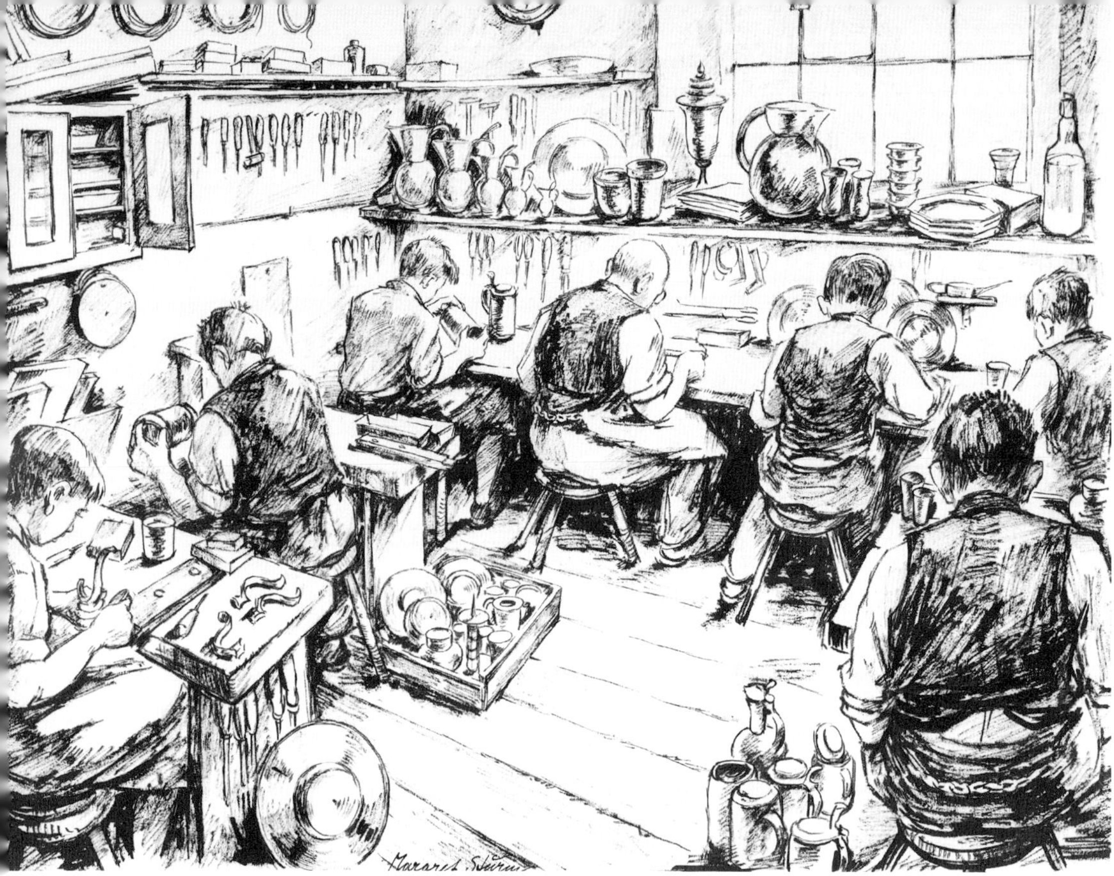

Abb. 2 Margret Sturm ▪ Grafiken aus der Werkstatt Wiedamann: Bei der Versäuberung ▪ 1930er Jahre ▪ Archiv Familie Wiedamann

An den Wänden hing in feiner Ordnung allerlei seltsames Gerät. Werkzeuge, deren Namen wir nicht kannten, aber die sich in den Händen der Gesellen in Zauberstäbe verwandelten. Das war auch eine der Merkwürdigkeiten dieses Orts: dass bei all dem Schmutz, der an den Blaumännern und Händen der Arbeiter deutliche Spuren hinterließ, alles seine Ordnung hatte. Feilen, Drehstahl oder Pickel hingen in unterschiedlichsten Größen wie Orgelpfeifen in speziell dafür gefertigten Halterungen an der Wand. Oben im zweiten Stock beim Graveur Moser, der uns Kinder gerne bei sich hatte und den wir bei der Arbeit beobachten durften, steckten die Werkzeuge in gelochten Holzleisten. Ein Griff, ohne hinzusehen, und er hatte genau den richtigen Stichel herausgefischt, um Buchstaben oder Dekors ins Zinn zu ritzen. Dass er sich nie verschrieb, war auch eines dieser Mysterien.

Unten im Erdgeschoss war die Formenkammer (Abb. 3 und 4). Dass hier der eigentliche Schatz der Zinngießerei zu finden war, war uns Kindern noch nicht so klar. Sicher, dort waren auch die Zinnbarren gelagert, die uns schon allein der Form wegen ähnlich wertvoll zu sein schienen wie die Barren aus Gold, hinter denen die bösen Buben in unseren Räubergeschichten her waren. Aber welche Bedeutung all diese Gussformen hatten, das erschloss sich uns erst nach und nach. Selten durften wir beobachten, wie ein Stück

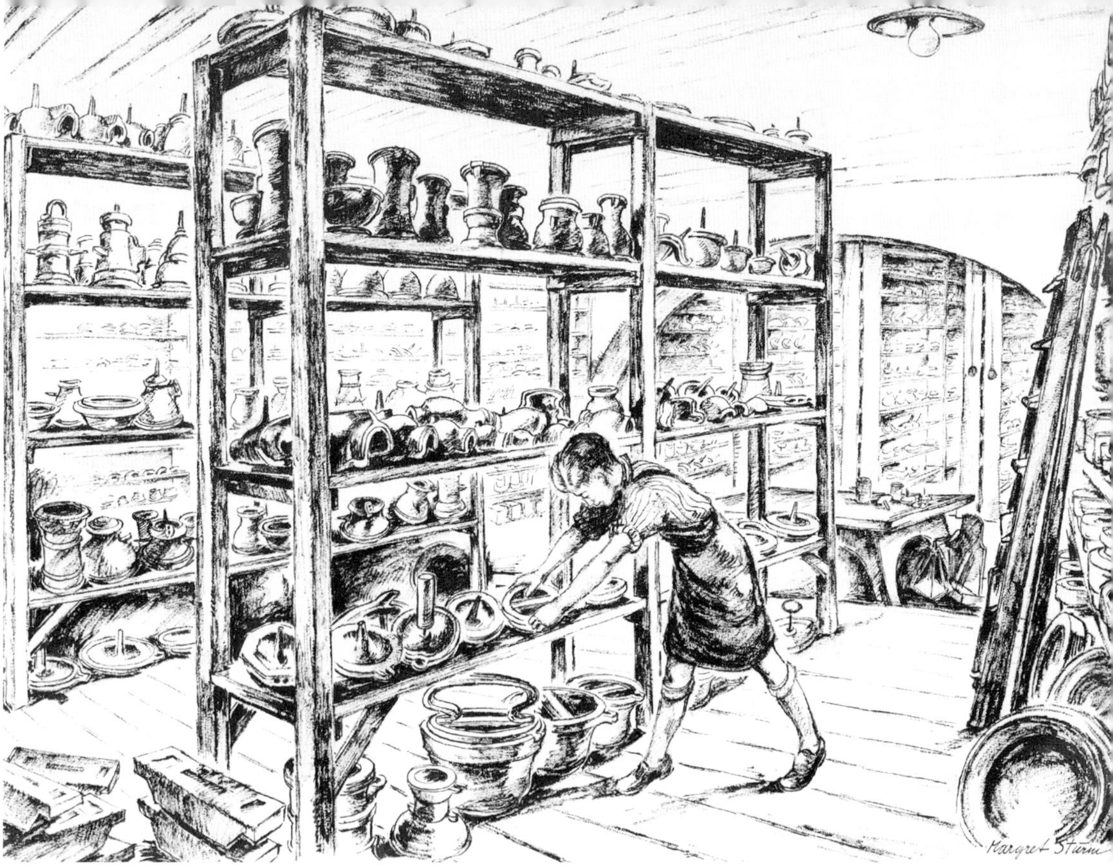

Abb. 3 Margret Sturm ▪ Grafiken aus der Werkstatt Wiedamann: Das Formenlager ▪ 1930er Jahre ▪ Archiv Familie Wiedamann

gegossen wurde. Auch dies ein Akt der Zauberei, bei dem ein matt-graues Gefäß oder ein zunächst eher unansehnlicher Teller entstand, der erst durch die Überarbeitung seinen Glanz erhielt (Abb. 5). Das Abdrehen von Bechern oder Krügen an der Drehbank faszinierte mich sehr: Wie innerhalb von Sekunden ein Gefäß seine Beschaffenheit zu ändern schien, wie der Glanz mit dem Drehstahl herausgeschält wurde und ein blechernes Becherlein erstrahlte und zur Kostbarkeit wurde, vom hässlichen Entlein zum schönen Schwan.

Unsere Besuche in der Werkstatt waren gezählt. Die Zinngießerei nahm in unserem Denken vielleicht deshalb nicht viel Raum ein. Wenn in der Schule jemand fragte, was unsere Eltern taten, kamen wir schnell in Erklärungsnot. Eine Zinngießerei? Das klang für unsere Klassenkameraden ähnlich spannend wie eine Spenglerei oder Metallbaufabrik. Seltsamerweise kam uns die Idee gar nicht, Mitschüler zu einem Besuch in die Werkstatt einzuladen, um selbst zu sehen, was dort geschah. Aber verbotene Welten teilt man nicht, zumindest nicht mit jedem.

Mein Bruder beschrieb als Neun- oder Zehnjähriger in einem Schulaufsatz die Arbeit unseres Vaters. Er schreibt von Büroarbeit, schildert den Vater an der Drehbank, Vaters Fahrten zu den Messen und dass die Messeregale sehr schwer waren … und kommt schließlich zu dem Schluss: Die ganze Plackerei lohnt sich nicht. Was an der Zinngießerei

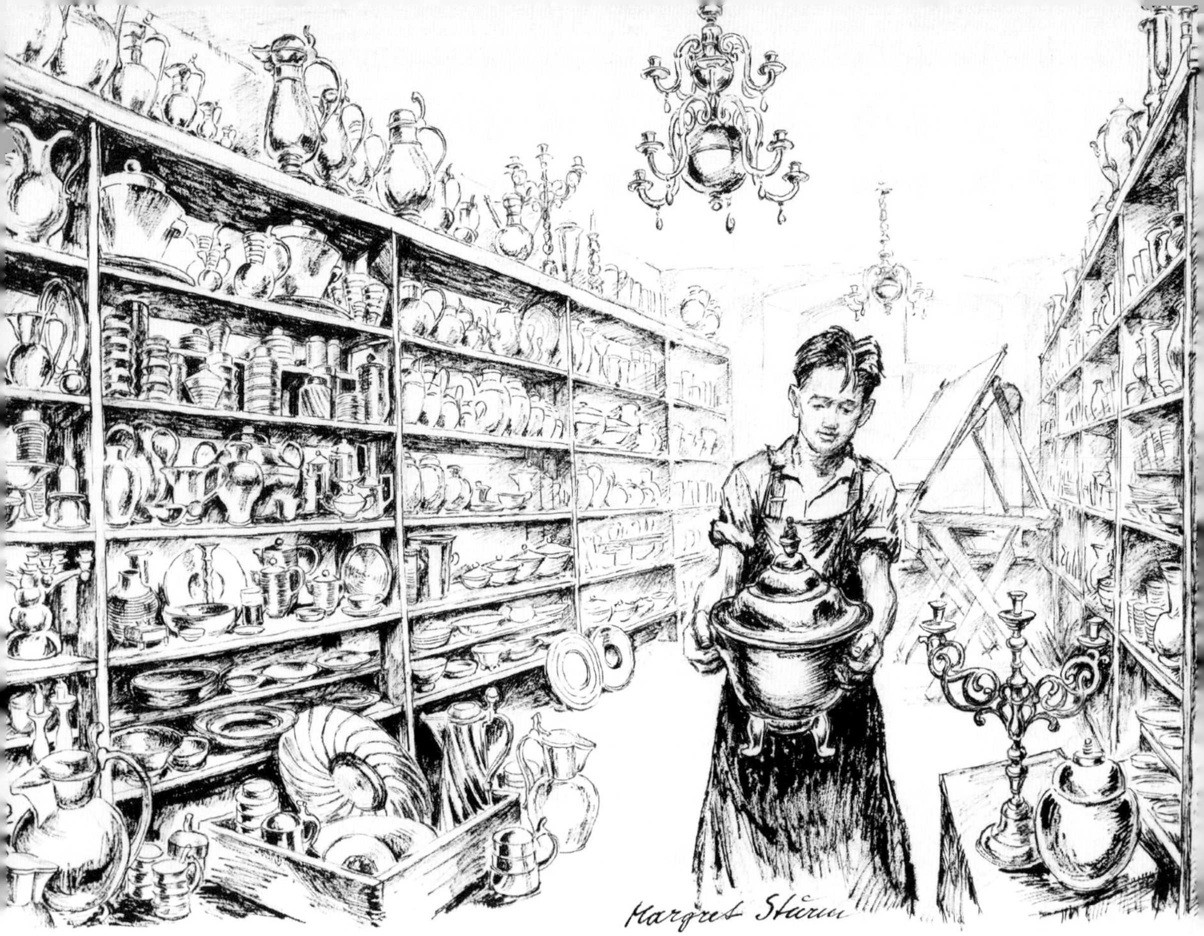

Abb. 4 Margret Sturm ▪ Grafiken aus der Werkstatt Wiedamann: Im Lager für Fertigware ▪ 1930er Jahre ▪ Archiv Familie Wiedamann

so alles dranhängt, das konnten wir uns im Detail kaum vorstellen. Aber dass es viel Arbeit machte, schon.

Die Frage von Mitschülern, ob wir Pokale herstellten oder »solche Jagdteller«, hatte für uns Kinder etwas Verletzendes. Dass viele Leute mit Zinn nur mehr Sporttrophäen verbanden, war in einem Haus, in dem Generationen von fein designtem Zinngeschirr gegessen hatten und es immer noch ganz selbstverständlich viel und gerne benutzt wurde, undenkbar. Als Jugendliche verwandelten wir uns deshalb erkennbar Unwissenden gegenüber, die unvorsichtig genug waren, Zinn kleinzureden, in erbitterte Aufklärer über die Qualitäten dieses Materials und unserer Formen, der wunderbaren, klaren, modernen Entwürfe gerade von Wolfgang von Wersin, die zeitlos schön sind.

Dass eines von uns Geschwistern die Zinngießerei fortführen sollte, stand bei unseren Eltern nie zur Debatte. Mein Bruder hatte sich der Musik zugewandt, die über Generationen hinweg bei den Männern der Zinngießerfamilie eine große Rolle gespielt hatte. Ich wollte Schriftstellerin werden oder Sängerin oder »irgendwas mit Kunst« und erkannte dabei die Kunst im eigenen Hause nicht. Und meine Schwester, die im Zinngeschäft erst

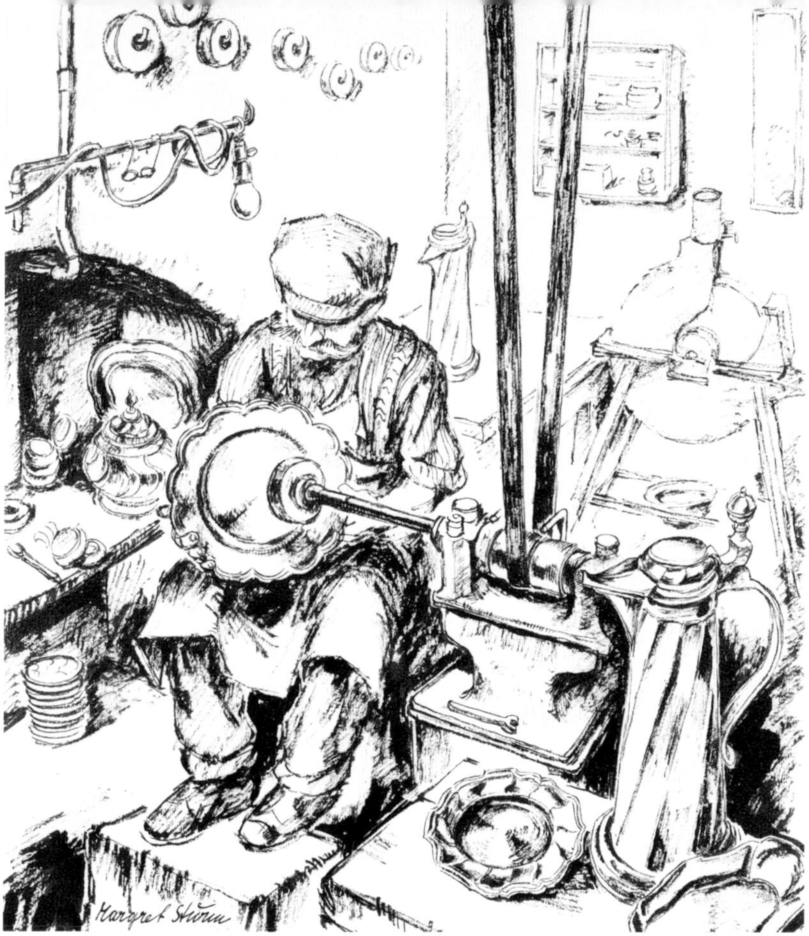

Abb. 5 Margret Sturm ▪ Grafiken aus der Werkstatt Wiedamann: Das Polieren ▪ 1930er Jahre ▪ Archiv Familie Wiedamann

zur Verkäuferin, dann zur Einzelhandelskauffrau ausgebildet wurde, wollte zwar gerne auch das Handwerk erlernen, durfte aber nicht. Ich denke, damals war die Entscheidung, die Werkstatt zu verkaufen, schon gefallen. Ich hatte von ihrem ernsten Willen zur Zinngießerei nichts mitbekommen. Auch nicht, dass sie es tatsächlich bis an den Schmelzkessel geschafft hatte. Dort ließen die Arbeiter sie stillschweigend Bierkrügel aufgießen, also mit Zinndeckeln versehen. Das habe ich aber erst 30 Jahre später erfahren.

Abb. 1–5: Repro: Peter Ferstl © Archiv Familie Wiedamann, Regensburg

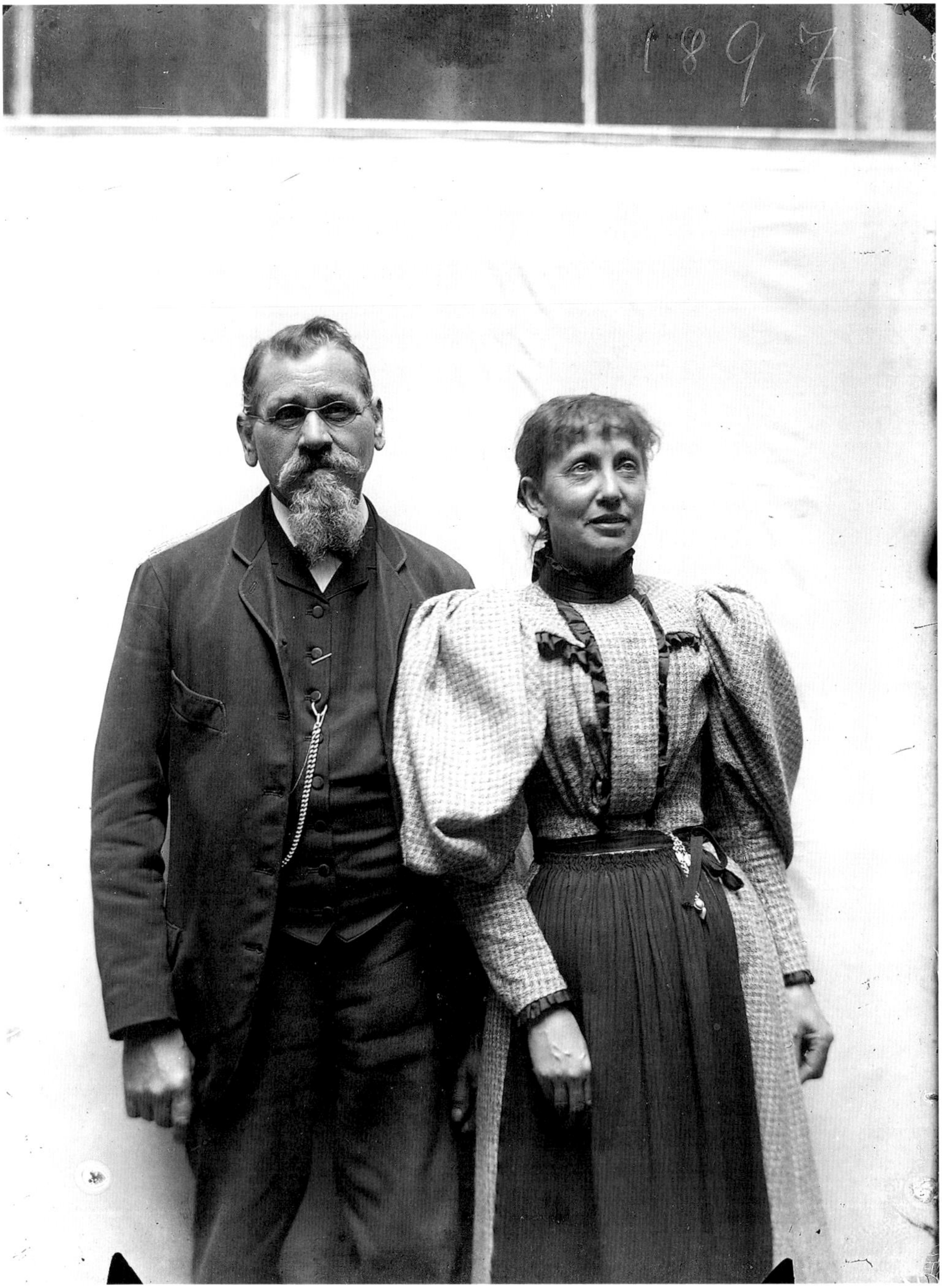

Doppelporträt von Eugen Friedrich Wiedamann und seiner Frau Franziska ▪ 1897 ▪ Archiv Familie Wiedamann ▪ Repro: Peter Ferstl

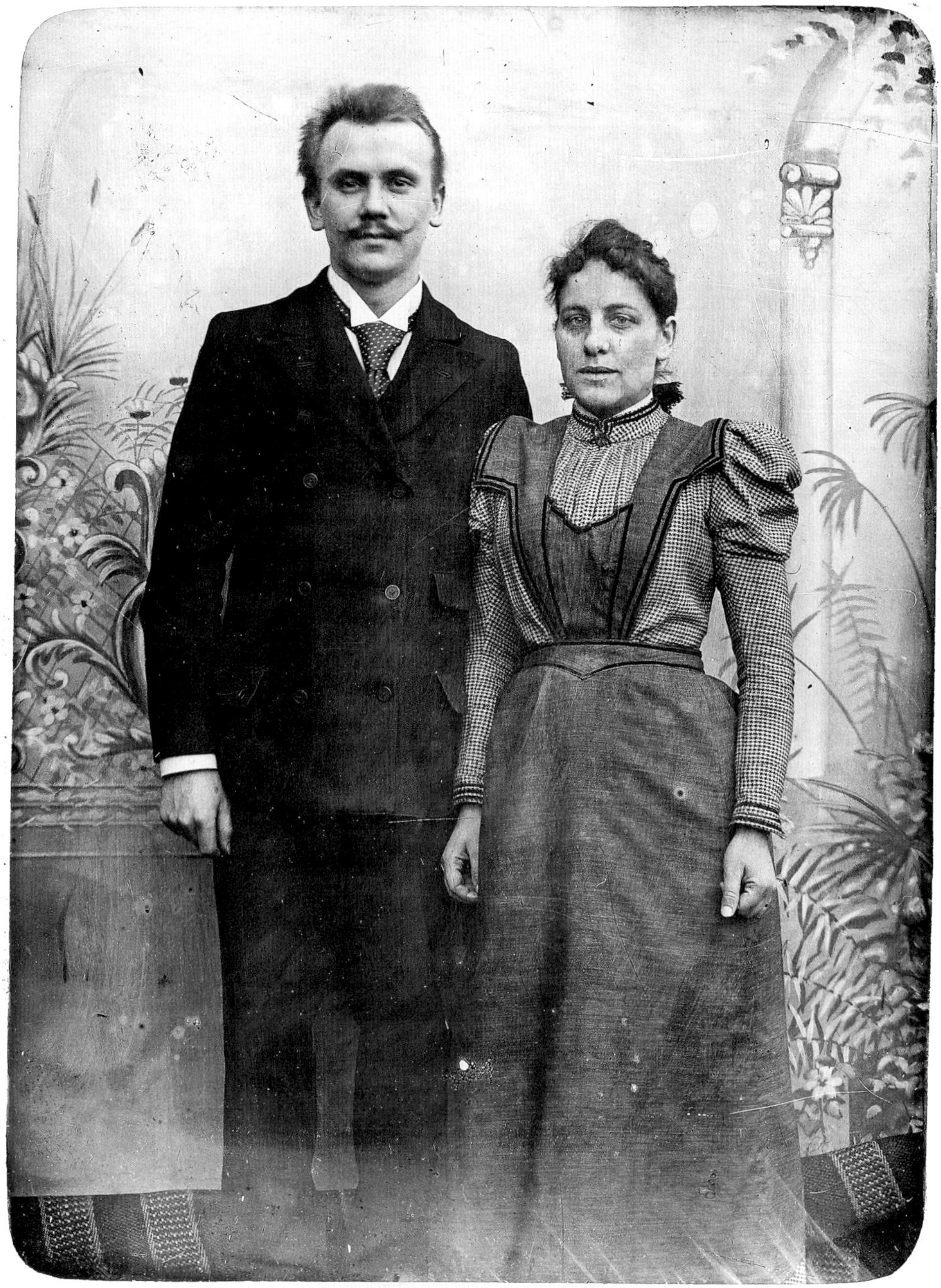

Doppelporträt von Eugen Wiedamann und seiner Frau Anna ▪ um 1898 ▪ Archiv Familie Wiedamann ▪
Repro: Peter Ferstl

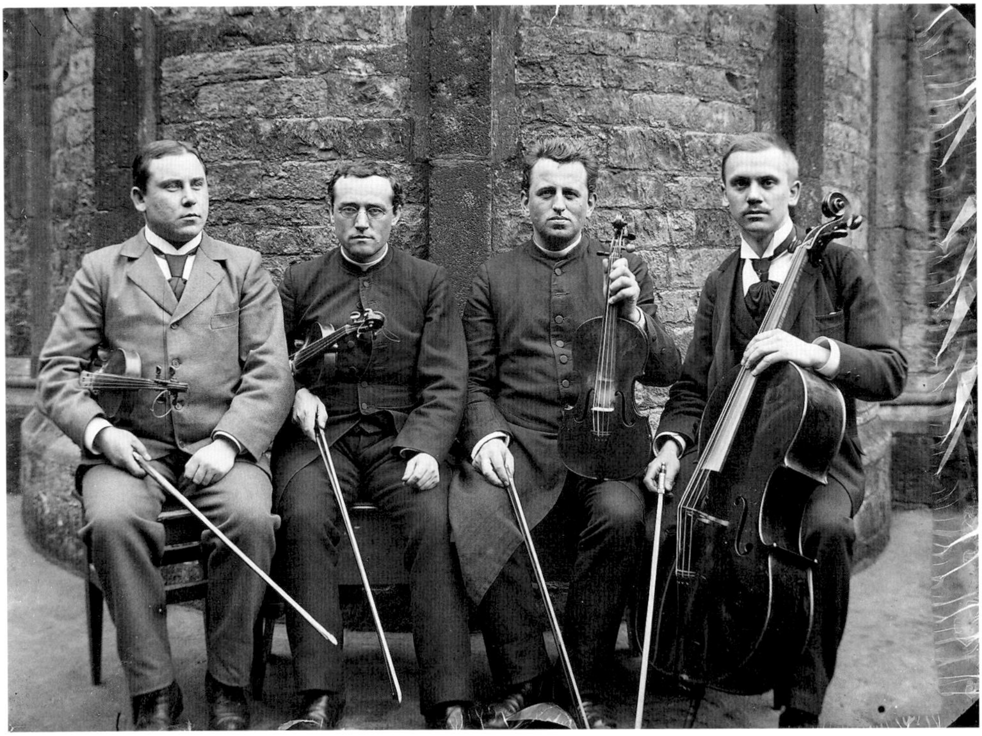

Eugen Wiedamann im Kreise seiner Freunde beim Cellospielen ▪ um 1900 ▪ Archiv Familie Wiedamann ▪ Repro: Peter Ferstl

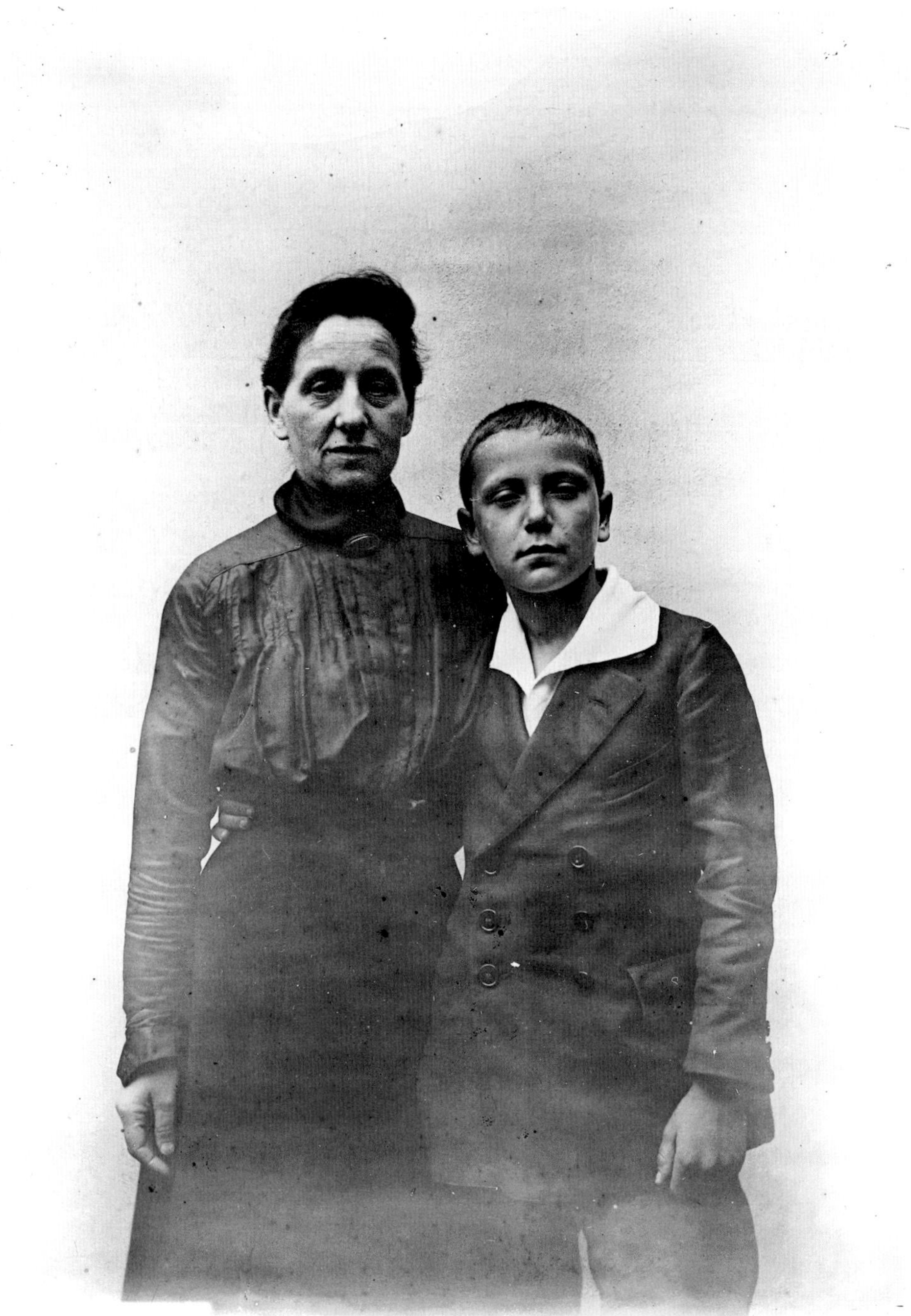

Doppelporträt von Richard Wiedamann sen. und seiner Mutter Anna ▪ um 1915 ▪ Archiv Familie Wiedamann ▪
Repro: Peter Ferstl

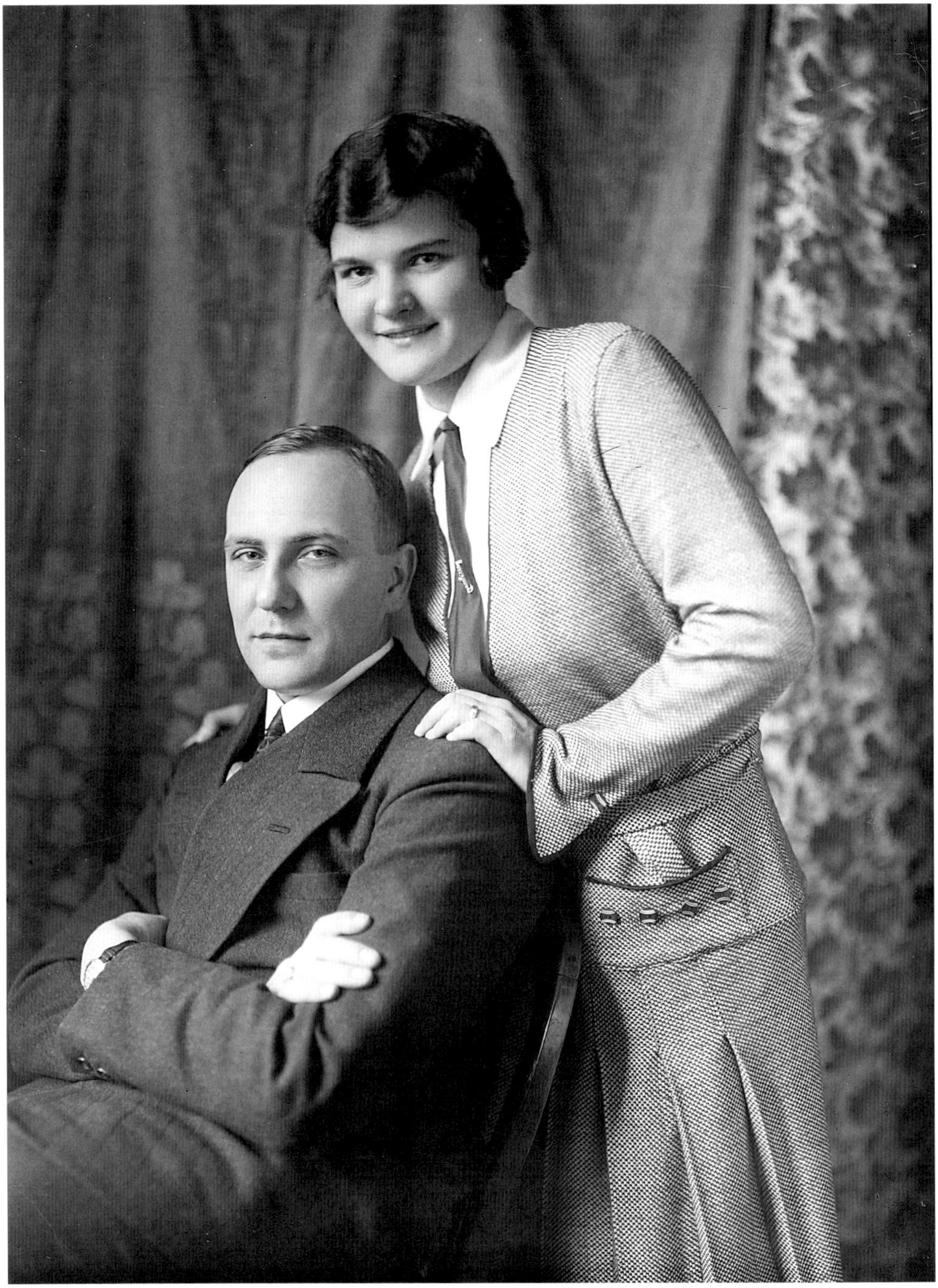

Doppelporträt von Richard Wiedamann sen. und seiner Frau Johanna ▪ 1930er Jahre ▪ Archiv Familie Wiedamann ▪ Repro: Peter Ferstl

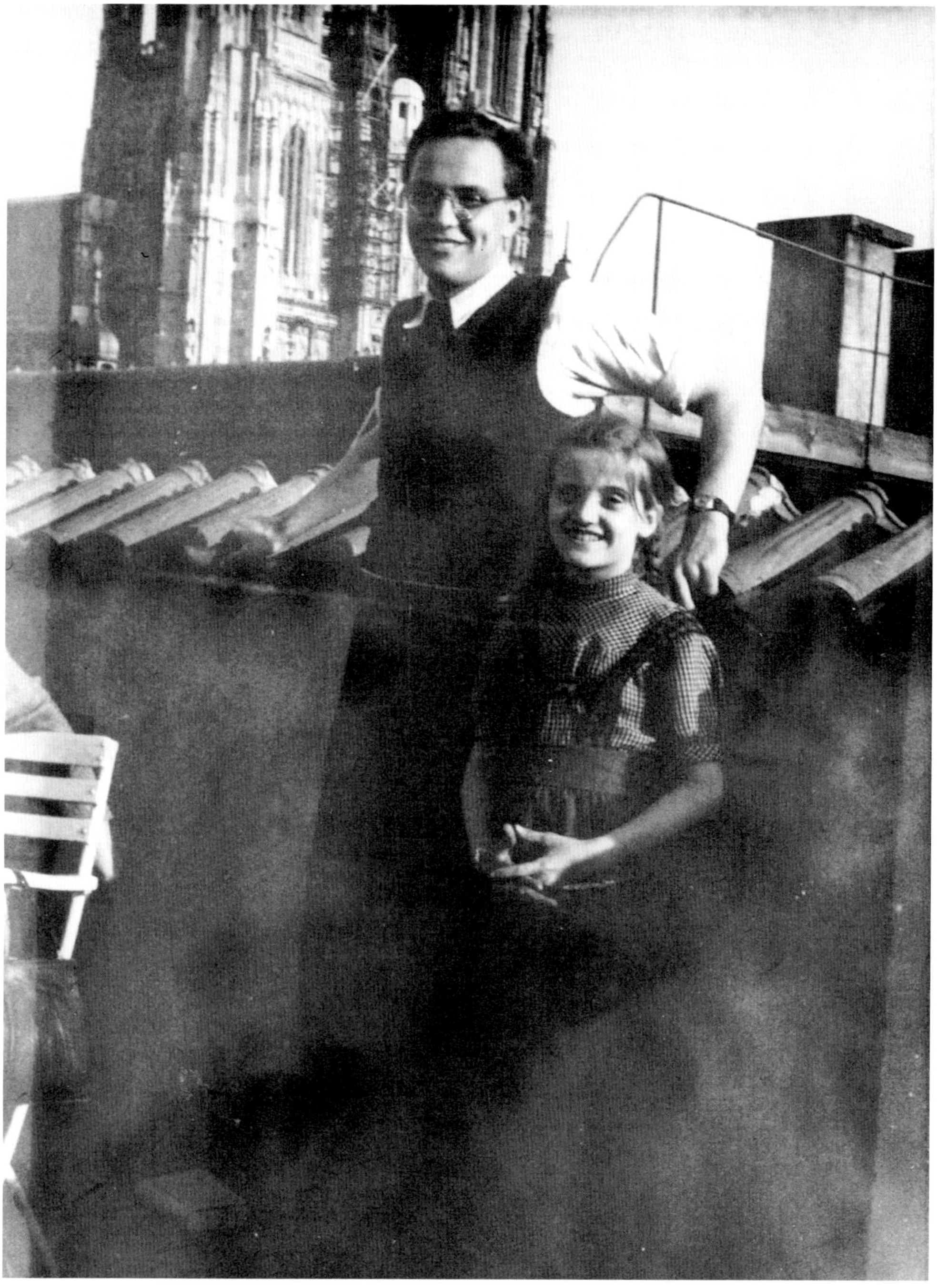

Richard Wiedamann jun. und seine Schwester Margarete auf Wiedamanns Turm ▪ um 1949 ▪
Archiv Familie Wiedamann ▪ Repro: Peter Ferstl

MATERIAL UND FORM: HISTORISCHE VERGLEICHE

OTTO A. BAUMGÄRTEL

Wenn man die Literatur sichtet, gewinnt man fast den Eindruck, man könne eine Geschichte des Zinns schreiben, ohne andere Werkstoffe zu betrachten. So liest man zum Beispiel: »Es läßt sich [...] nur sehr selten feststellen, daß Formentlehnungen von einem Handwerk zum anderen erfolgten, jedenfalls bis zum 18. Jahrhundert hin. Die verschiedenen Gewerbe von den Keramikern über die Glasmacher bis zu den Bronzegießern, Kupfer- und Eisenschmieden und den Zinngießern pflegten jeweils einen eigenen Stil, der aus dem Material heraus erwachsen war.«[1] Erst zur Zeit des Rokoko hätten die Zinngießer etwas getan, »was bisher nur recht selten vorgekommen war: sie imitierten die Formen von Silber in Zinn«.[2]

Je mehr man freilich das Thema durchdringt und je mehr Objekte man sieht, umso mehr wird man an solchen Aussagen zweifeln. Die Blütezeit des metallenen Hausrats seit dem Spätmittelalter hatte wirtschafts-, sozial- und technikgeschichtliche Hintergründe. Der Handel brachte Rohstoffe über weite Strecken. Der Aufschwung der Städte weckte den Wunsch nach Repräsentation, der zuvor auf Adel und Klerus beschränkt war. Zinn und Messing mit ihren silbrig und golden schimmernden Oberflächen erfüllten den Bedarf. Neue Verfahren beim Herstellen der Gussformen erleichterten die Serienfertigung, verbesserte Drehbänke die Bearbeitung der Oberflächen.[3] Gleichzeitig kamen neue Gerättypen auf. Es lag nahe, jeden Werkstoff einzusetzen, der technisch geeignet war, solange ein Gegenstand seine Funktion erfüllte. Viele Formen sind deshalb nicht materialspezifisch. Dies soll an Kannen und Krügen[4] exemplarisch gezeigt werden.

1 Hanns-Ulrich Haedeke: Zinn. Zentren der Zinngießerkunst von der Antike bis zum Jugendstil, Leipzig 1973, S. 198.

2 Hanns-Ulrich Haedeke: Zinn. Ein Handbuch für Sammler und Liebhaber, 3. Auflage, München 1983, S. 268.

3 Otto A. Baumgärtel: Glänzend wie Gold. Arbeiten der Nürnberger Rotschmiede bis zum Dreißigjährigen Krieg, Zur Ausstellung in Schloss Friedenstein, Gotha, Dettelbach 2015, S. 17–19.

4 So wünschenswert eine einheitliche Terminologie ist, so wenig entspricht sie den Quellen und so problematisch ist ihre Anwendung. »Maßkannen« und »Stitzen« sind zeitgenössische Bezeichnungen; beide wären nach den zurzeit am häufigsten empfohlenen Begriffen Krüge (ohne Ausguss), eine »Schnabelstitze« (mit Ausguss) gehörte dagegen zu den Kannen: Ingolf Bauer/Werner Endres/Bärbel Kerkhoff-Hader: Leitfaden zur Keramikbeschreibung. (Mittelalter – Neuzeit), Terminologie – Typo-

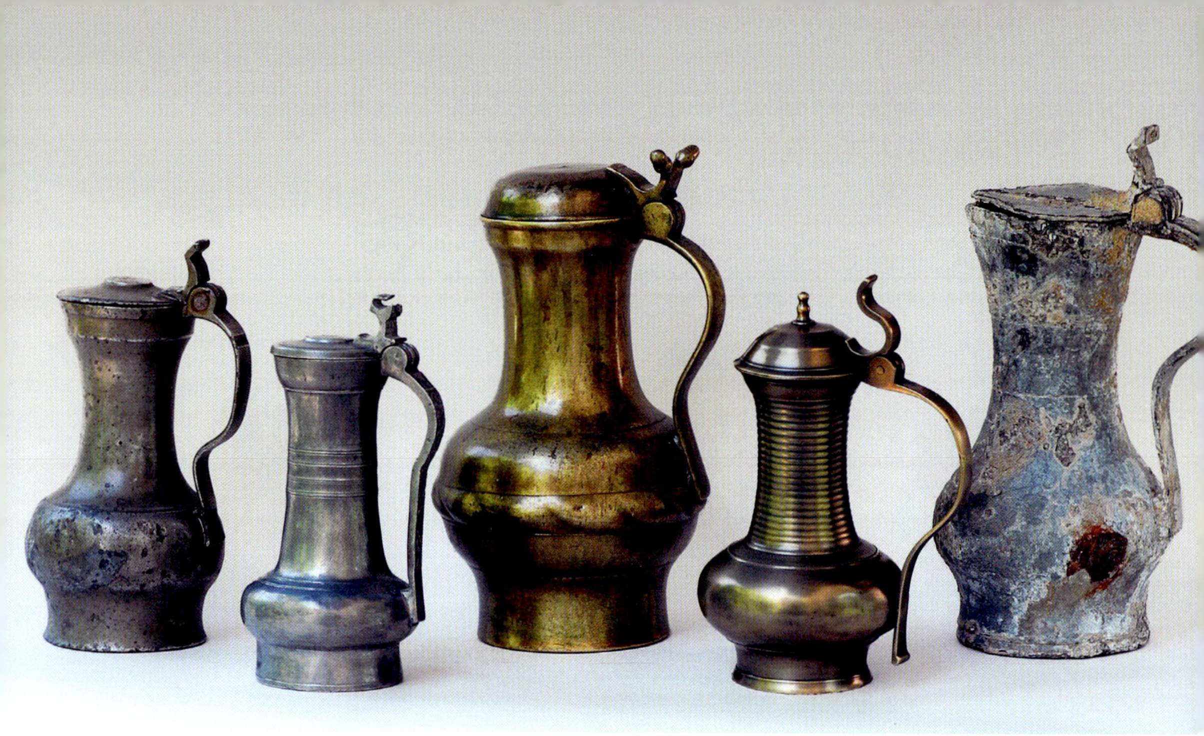

Abb. 6 Maßkannen (von links) ▪ Zinn, Nürnberg, 15./Anf. 16. Jh., H. 25 cm ▪ Zinn, Breslau, wohl Nikolaus Firecke, tätig um 1439 bis 1473, H. 23 cm ▪ Messing, Nürnberg, 15. Jh., H. 30,5 cm ▪ Messing, Nürnberg, 1. H. 16. Jh., H. 25 cm. ▪ Zinn, Mainz, um 1500, H. 32 cm

Seit der Mitte des 14. Jahrhunderts gab es die »Maßkannen«, die genormte Inhalte haben (Abb. 6). Die Umrisslinie mit der gekehlten Sockelzone, dem bauchigen Korpus, dem langen, eingezogenen Hals und dem Reifen unter der Mündung ist manchmal eher behäbig, manchmal eher modisch-elegant; dazu kommen unterschiedliche Profile. Man kann zahlreiche regionale Varianten unterscheiden. Am besten ist die Quellenlage in Nürnberg. Man findet Maßkannen aus Zinn um 1425 und 1428 auf den Bildern des Zinngießergehilfen Sebald und des Wolfhard Kandelgyesser im Mendelschen Hausbuch.[5] Aus Messing tauchen »bauchet kandel« 1471 zweimal im Rechnungsbuch des Großkaufmanns Hans Praun auf: erst 37 Stück für 13 Gulden 9 Schilling, dann 34 für 12 Gulden.[6] Das Inventar einer Rotschmiedewerkstatt nennt 1529 »messen maß kandel« und »messen drysydel kandel«[7]

logie – Technologie, (Kataloge der Prähistorischen Staatssammlung, Beiheft 2) München 1986; Rainer Schreg: Keramik aus Südwestdeutschland. Eine Hilfe zur Beschreibung, Bestimmung und Datierung archäologischer Funde vom Neolithikum bis zur Neuzeit, (Lehr- und Arbeitsmaterialien zur Archäologie des Mittelalters, Bd. 1) Tübingen 1998.

5 Stadtbibliothek Nürnberg, Mendel, Bd. 1, Bl. 29r und Bl. 48v, abrufbar unter www.nuernberger-hausbuecher.de.

6 Horst Pohl: Das Rechnungsbuch des Nürnberger Großkaufmanns Hans Praun von 1471 bis 1478, in: Mitteilungen des Vereins für Geschichte der Stadt Nürnberg 55 (1967/68), S. 77–136, hier S. 132, 136.

7 Otto A. Baumgärtel: Das Inventar der Katharina Amman von 1529, in: Mitteilungen des Vereins für Geschichte der Stadt Nürnberg 69 (1982), S. 167–184, S. 184.

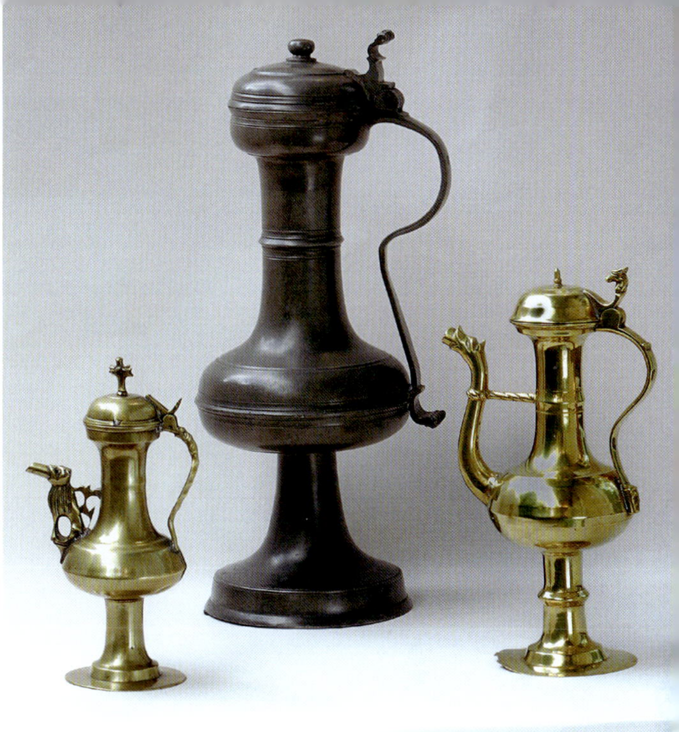

Abb. 7 Gefußte Kannen (von links): Messing, Nürnberg, 15. Jh., H. 26 cm ▪ Zinn, Nürnberg, Meister mit dem Strich und drei Punkten, Mitte oder 2. H. 16. Jh., H. 49,6 cm ▪ Messing, Nürnberg, 15. Jh., H. 32,5 cm

(für drei Seidel, ein Flüssigkeitsmaß). Belege für die Verwendung weiterer Materialien sind ein sächsisches Stück aus Serpentin aus dem 15. Jahrhundert[8] und die Darstellung einer silbernen Maßkanne auf einem Glasfenster der Ingolstädter Goldschmiede um 1511.[9] Die niedrigen, dafür breiteren zeitgleichen »Hansekannen«, die seit um 1350 entstanden, sind eine norddeutsche Parallele. Neben vielen Beispielen aus Zinn[10] gibt es ebenfalls einige aus Messing.

Zu den reizvollsten zinnernen Repräsentationsgeräten der frühen Neuzeit zählen die eleganten »gefußten Kannen« (Abb. 7). Auch dieser Begriff ist zeitgenössisch; als Meisterstück der Breslauer Zinngießer wird nämlich 1499 unter anderem »eyne gefuste weynkan«[11] gefordert. Eine dazu passende Darstellung findet sich schon 1428 auf dem erwähnten Nürnberger Bild des Wolfhard Kandelgyesser. Die vielleicht schönste solche Kanne mit spätgotischen Stilmerkmalen, die 58 cm misst, ist eine Arbeit des Regensburger Zinngießers Conrad Has von 1453.[12] So große Stücke wurden vor allem als Ratskannen verwendet. Die Form hat ein Nachleben bis in die Zeit um 1700. Bei den älteren Stücken ist der Zusammenhang mit den gefußten Messingkannen offensichtlich, die ebenfalls seit der ersten Hälfte des 15. Jahrhunderts durch Bildzeugnisse nachgewiesen sind. Sie sind in

8 Thomas Dexel: Gebrauchsgerättypen, Bd. II, München 1981, Abb. 463.

9 Gottfried Frenzel/Eva Ulrich: Die Farbverglasung des Münsters zu Ingolstadt, in: Theodor Müller/Wilhelm Reissmüller (Hg.): Ingolstadt. Die Herzogsstadt, die Universitätsstadt, die Festung, Ingolstadt 1974, S. 373–397, Abb. 4.

10 Haedecke: Handbuch (vgl. Anm. 2), S. 51–53 und Abb. 48–51; Dexel: Gebrauchsgerättypen (vgl. Anm. 8), Abb. 429–431.

11 Erwin Hintze: Die deutschen Zinngießer und ihre Marken, Bd. 4, Leipzig 1926, S. 6.

12 Museum der Stadt Regensburg, Inv.Nr. K 1987/11.

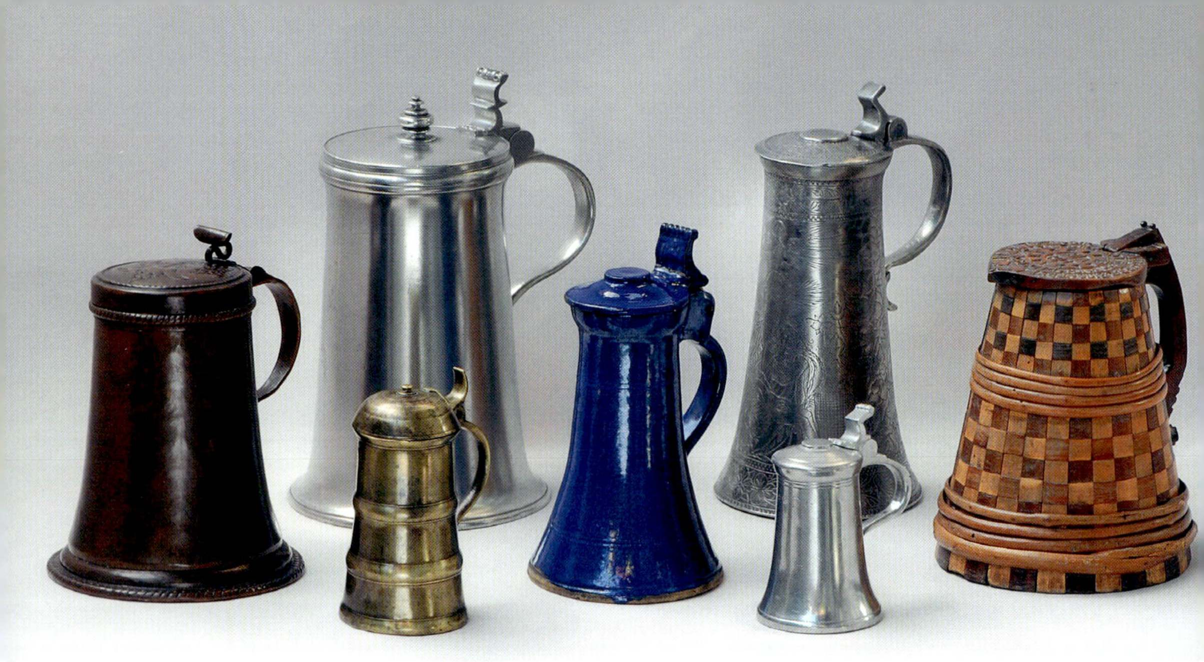

Abb. 8 Stitzen (von links): Kupfer, Altbayern, 17. Jh., H. 21,2 cm ▪ Messing, Nürnberg, 15. Jh., H. 15 cm ▪ Zinn, Passau, wohl Hans Wider, tätig um 1582, H. 27,5 cm ▪ Hafnerkeramik, Kröning (?), 17. Jh., H. 21,7 cm ▪ Zinn, Landshut, Hans Gillein d. Ä., nach 1644, H. 12,5 cm ▪ Zinn (graviert), Nürnberg, 2. Viertel 16. Jh., H. 26,5 cm ▪ Holz, fränkisches Vogtland, 17./18. Jh., H. 20,6 cm

der Regel viel kleiner als die zinnernen und haben im Gegensatz zu diesen fast immer ein Ausgussrohr; die dünnwandigen Exemplare stammen wohl ausnahmslos aus Nürnberg.[13]

Die »Stitze«, ein nach unten konisch erweiterter, oft ausschwingender Deckelkrug, dessen Boden die Standfläche bildet oder nur wenig nach innen gesetzt ist, lässt sich ebenfalls im 15. Jahrhundert nachweisen (Abb. 8). So nennen Akten der Ravensburger Handelsgesellschaft, die große Mengen Nürnberger Messingwaren auf die iberische Halbinsel exportierte, »schwere stytzen«.[14] Die Form geht möglicherweise auf hölzerne Vorbilder zurück. Dafür spricht die frühe, gerade Kontur mit umlaufenden Stützreifen, die das hier gezeigte Exemplar aus Messing aufweist. Die Stitze ist nach 1500 zur fast zeitlosen Form geworden. Ein Beispiel aus Kupfer, das 1518 auf dem Cranach-Altar in der Zwickauer Katharinenkirche dargestellt ist, sieht genauso aus wie Stücke, die 300 Jahre jünger sind. Seit dem 16. Jahrhundert gehörte die Stitze vor allem in Süddeutschland zu den beliebtesten Formen in Zinn. Es gibt viele regionale Varianten, die oft so typisch sind, dass die Lokalisierung mit etwas Erfahrung auch ohne einen Blick auf die Marken gelingt. Neben Zinn und Kupfer ist Holz ein vorherrschender Werkstoff; als keramische Form ist die Stitze seltener. Das abgebildete Beispiel hat einen hellen Scherben und eine außen blaue, innen dunkelgelbe Glasur. Es ist ein frühes, wohl Kröninger Serienprodukt und kopiert bis

13 Baumgärtel: Glänzend wie Gold (Anm. 3), S. 41–43.
14 Aloys Schulte: Geschichte der grossen Ravensburger Handelsgesellschaft 1380–1530, Band 2, Stuttgart/Berlin 1923, S. 211.

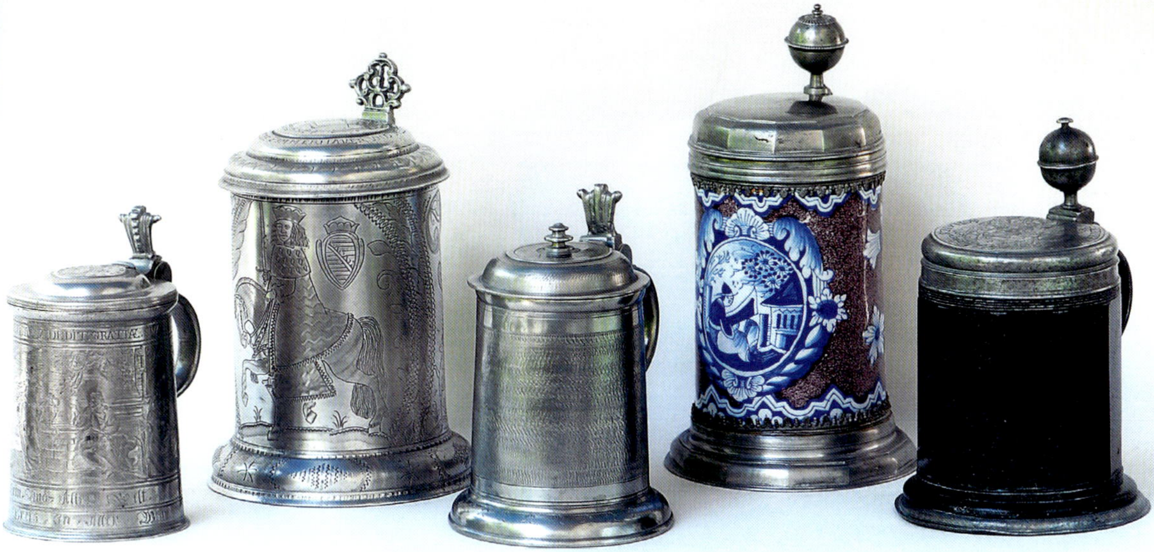

Abb. 9 Humpen/Walzenkrüge (von links): Zinn, Rosenheim, Hans Wagner, datiert 1673, H. 17,6 cm ▪ Zinn, Görlitz, Melchior Schwartz d.Ä., datiert 1682, H. 24,3 cm ▪ Zinn, Burghausen, Jakob Weiss, tätig um 1678, H. 18,5 cm ▪ Fayence, Nürnberg, Zinnmontierung Weißenburg, Johann Philipp Heberer, Meister 1716, H. 26 cm ▪ Serpentin, Zöblitz, wohl mitteldeutsche Zinnmontierung mit Wappen des Zinngießers Johannes Schönfelder, datiert 1725, H. 22 cm

ins Detail ein zinnernes Vorbild; selbst der Lippenrand, der erhöhte Deckel, das Relief der Daumenrast und der Maskaron am Henkelansatz sind übernommen. Zinnstitzen aus dem nahen Landshut weisen ähnliche Merkmale auf.

Der gedeckelte, meist gedrungene zylindrische oder fast zylindrische »Humpen« ist zum Inbegriff des »Bierkrugs« geworden (Abb. 9). Gelegentlich ist allerdings auch ein anderer Gebrauch belegt, bis hin zur liturgischen Nutzung als Abendmahlskanne. Der Humpen ist jünger als die Maßkanne, gefußte Kanne und Stitze, und auch die Bezeichnung kommt erst im 16. Jahrhundert als regionaler Begriff vor allem in Sachsen auf. Bei den Humpen finden wir die weitaus größte Materialvielfalt: Sie reicht vom Edelmetall und kostbaren Werkstoffen wie Elfenbein, Bernstein und Serpentin über Zinn, Glas und Steinzeug bis zu Holz und Korbgeflecht. Dabei lässt sich kaum feststellen, ob die Form zuerst beim Silber oder bei einem anderen Werkstoff in Mode kam. Für Stücke aus Keramik, vor allem Fayence und Porzellan, ist der rezente, bildhafte Begriff »Walzenkrug« üblicher, der auch beim Zinn oft gebraucht wird.

Nicht nur aufgrund unterschiedlicher Materialien, sondern auch wegen der regionalen Verbreitung bemerkenswert sind die deckellosen gefußten Kannen mit ovoidem Körper (Abb. 10, links). Sie wurden seit der ersten Hälfte des 16. Jahrhunderts in Deutschland aus Silber, in Nürnberg aus Messing, in Venedig aus Glas und in den italienischen Keramik-Zentren aus Majolika hergestellt. Von Peter Flötner (um 1490–1546) gibt es grafische Entwürfe. Wahrscheinlich bezeichnen die »welisch messen kandel« – nach italienischen Vorbildern oder für den italienischen Markt gefertigte Kannen, die 1529 in einer Nürnberger Rot-

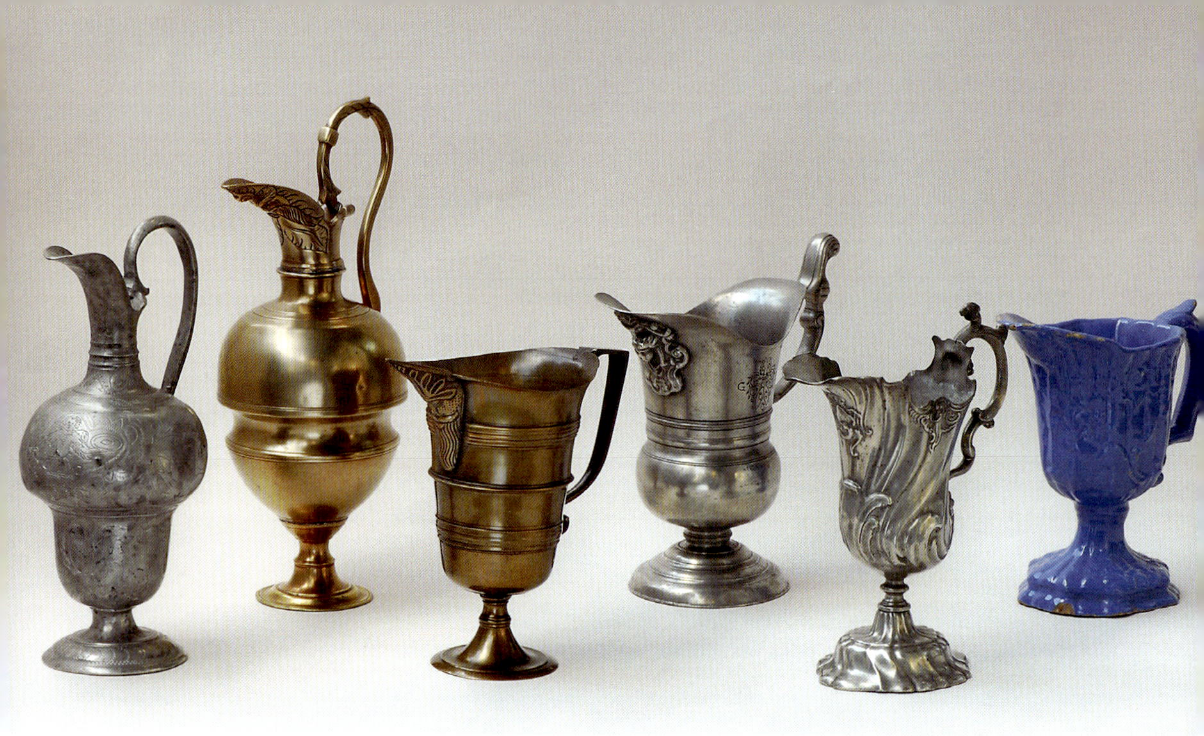

Abb. 10 Gefußte Kannen mit ovoidem Körper und Helmkannen (von links): Zinn, Nürnberg (?), 17. Jh., H. 27 cm ▪ Messing, Nürnberg, 16. Jh., H. 32 cm ▪ Messing, Nürnberg, 16. Jh., H. 21 cm ▪ Zinn, Frankfurt, Georg Jost Benedikt Cronobold, Meister 1698, H. 22,2 cm ▪ Zinn, Innsbruck, Gallus Apeller d. Ä., Meister 1715, oder Gallus David Apeller d. J., Bürger 1769, H. 23 cm ▪ Fayence, Schrezheim, Ende 18. Jh., H. 19,5 cm

schmiedewerkstatt vorkommen – diese Form; tatsächlich wurden solche Messingkannen häufig nach Italien exportiert.[15] Beim Zinn gehören sie unter anderem zu den repräsentativen Schüsseln mit Reliefdekor, die François Briot in Montbéliard um 1585/90 und etwas später Caspar Enderlein in Nürnberg herstellten. Auch die »Helmkannen« (Abb. 10, Mitte und rechts) gibt es aus Silber, Messing, Majolika und anderen keramischen Werkstoffen sowie aus Zinn; die Details folgen allen Zeitstilen von der Renaissance bis zum Rokoko.

Die hier gezeigte Reihe formähnlicher Geräte, bei denen verschiedene Materialien eingesetzt wurden, ließe sich über Kannen und Krüge hinaus deutlich erweitern, nämlich seit der Zeit der Spätgotik und Renaissance auf Eichmaße, Wasserblasen, Schraubflaschen, Leuchter und anderes mehr. Beispielhaft seien hier nur zwei Glockenfußleuchter gezeigt, wie sie zuerst aus Messing, später auch aus Majolika, Glas und selbstverständlich Zinn angefertigt wurden (Abb. 11).

Schließlich griff man beim Zinn, zeitgleich und nicht erst nach dem Silber, im letzten Drittel des 17. Jahrhunderts die veränderten Konsumgewohnheiten und Tafelsitten auf. Seit 1669 hatte die English East India Company das Handelsmonopol für Tee; Kaffeehäuser entstanden 1673 in Bremen, 1677 in Hamburg, 1685 in Wien, 1686 in Nürnberg und

15 Baumgärtel: Glänzend wie Gold (Anm. 3), S. 46–47.

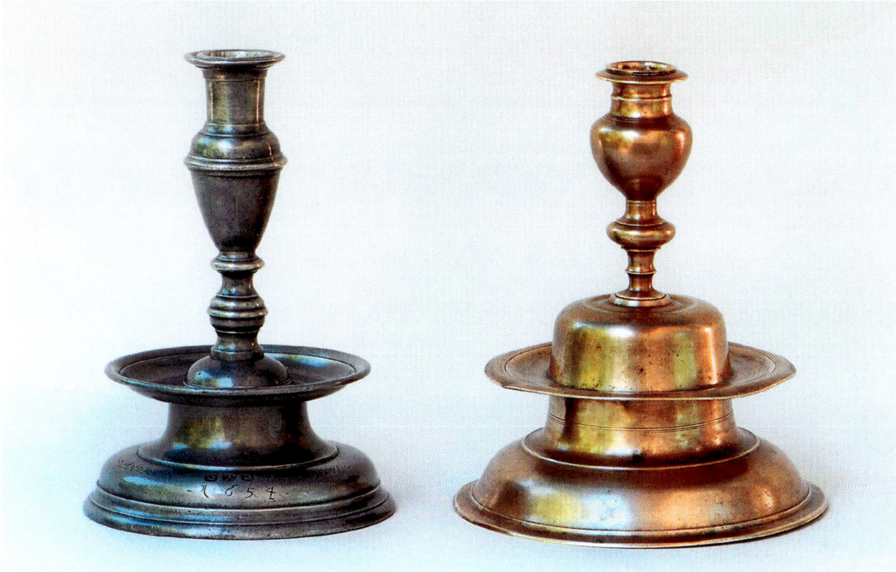

Abb. 11 Glockenfußleuchter: Zinn, Salzwedel, Erasmus Lemme d. J., datiert 1654, H. 21 cm ▪ Messing, Nürnberg, wohl Georg Gscheid, Meister 1597, H. 21,5 cm

Regensburg. Der Genuss der »Kolonialgetränke« entwickelte sich als privates Vergnügen des Adels und gehobenen Bürgertums. In der zweiten Hälfte des 18. Jahrhunderts ersetzten Kaffee, Tee und Schokolade »mit einem kleinen Gebäckstück, dem Hörnchen, Kipferl oder Croissant, die bis dahin übliche Morgensuppe als die erste Mahlzeit am Tag«.[16] Am Nachmittag oder frühen Abend genoss man Tee oder Kaffee mit Freunden oder Familienmitgliedern. Kannen und Tafelgerät aus Silber, Zinn, Messing und weiteren Materialien adaptierten die Stilformen des Rokoko (Abb. 12).

Seit dem Spätmittelalter stand über dem handwerklichen Schaffen die Notwendigkeit, dass die Form der Funktion folge, auch wenn dies nie im Sinne eines modernen Designbegriffs als Leitsatz formuliert war. Es war zu selbstverständlich, dass eine Kanne, ein Krug, ein Waschgefäß, ein Leuchter ihren Zweck erfüllten. Vor der Industrialisierung gab es kaum Gegenstände, die zum Gebrauch ungeeignet oder unpraktisch waren. Das gilt sogar, wenn Gerät primär der Repräsentation diente. Die reichen Bestände der barocken »Prangküchen« an Zinn, Kupfer und Fayence waren, wie es 1697 kritisch hieß, »nur zur Prahlerei zusammengestellt«[17] und wurden kaum jemals an Festtagen benutzt. Gleichwohl wäre jedes Gerät im Alltag tauglich gewesen.

16 Ulrike Zischka/Hans Ottomeyer/Susanne Bäumler (Hg.): Die anständige Lust. Von Esskultur und Tafelsitten, Katalog der Ausstellung im Münchner Stadtmuseum, München 1993, S. 230.

17 Johann Christoph Wagenseil: De Sacri Rom. Imperii Libera Civitate Noribergensi Commentatio, Altdorf 1697, S. 61 (»ad meram ostentationem compositae«).

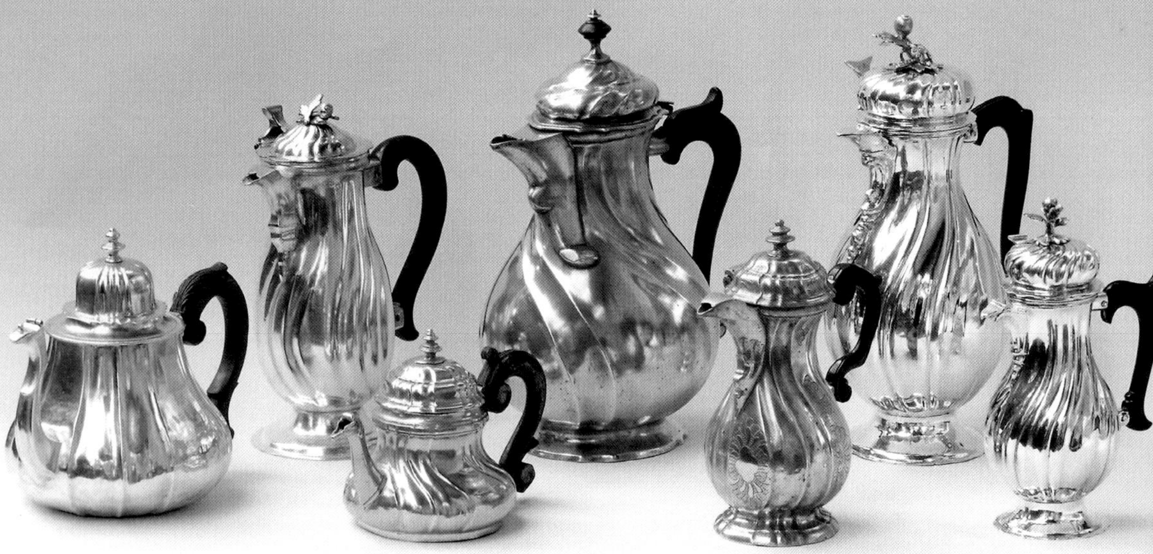

Abb. 12 Kannen für Tee, Kaffee und Milch (von links): Messing, versilbert, Augsburg (?), 18. Jh., H. 17 cm ▪ Messing, versilbert, Augsburg (?), 18. Jh., H. 22,5 cm ▪ Zinn, Salzburg, Joseph Anton Lechner, Meister 1756, H. 12,2 cm ▪ Zinn, Kassel, Christof Kraut, † 1749, H. 28,5 cm ▪ Zinn, Augsburg, Abraham Steisslinger, Meister 1721, H. 19,5 cm ▪ Silber, Augsburg, Johann Georg Träger, 1767–1769, H. 27,5 cm ▪ Silber, Augsburg, Johann Christoph Engelbrecht, 1765-1767, H. 20,5 cm

Keineswegs hat das jeweilige Material die Form vorgegeben; keineswegs hat jedes Handwerk, wie eingangs zitiert, stets »einen eigenen Stil« gepflegt. Jedes Material lässt Spielraum; nur bestimmte Formen sind jenseits der Möglichkeiten. Beim Zinn lag es nahe, Formen und Dekore von anderen Werkstoffen zu übernehmen; das gilt auch umgekehrt, und zwar beides unabhängig vom Zeitstil. Das technische Potenzial, das Zinn bietet, liegt im Guss, in der spanabnehmenden Bearbeitung auf der Drehbank, im Polieren und Gravieren, das optische Potenzial im silberähnlichen Glanz.

Belege für Bezüge zum Silber gibt es lange vor dem Rokoko. Über den Nürnberger Zinngießer Martin Harscher, der um 1435/40 geboren wurde und 1523 starb, hieß es: »was ein jeder gemeiner Goldschmid von Silber gemacht hat, das hat er also rein von Zinn zu wegen gebracht.«[18] Michael Kürcher, der sich im frühen 17. Jahrhundert in Ansbach niederlassen wollte, gab an, er sei 15 Jahre oder länger umhergezogen und habe neue Formen und allerlei Schalen auf Silberart gemacht.[19] Für die Hochzeit König Ferdinands

18 Georg Wolfgang Karl Lochner (Hg.): Des Johann Neudörfer Schreib- und Rechenmeisters zu Nürnberg Nachrichten von Künstlern und Werkleuten daselbst aus dem Jahre 1547, Nachdruck der Ausgabe Wien 1875, Osnabrück 1970, S. 160.

19 Hintze: Die deutschen Zinngießer und ihre Marken, Bd. 5, Leipzig 1927, Nr. 76.

von Habsburg soll 1629 Gerät nach Silberarbeiten aus Prag und Wien aus Zinn angefertigt worden sein.[20] Augsburger Zinnarbeiten, denen eine besonders schöne, silberhelle Farbe nachgerühmt wurde, wurden 1636 bis 1641 in großer Anzahl nach Tirol ausgeführt.[21] Der Augsburger Zinngießer Andreas Klocker erhielt 1679 den Auftrag für eine Schüssel sowie Teller »nach dem silbernen Muster«.[22] Christoph Weigel schrieb schon 1698, dass die Zinngießer ihre Arbeit »wie es beliebet wird, nach Silber-Art, auf das zierlichste, schönste und künstlichste auszuarbeiten«[23] wussten.

Man darf hinzufügen, dass das Zinn deshalb seit jeher zum repräsentativen Gebrauchsgut des Adels, der Geistlichkeit und wohlhabender Bürger gehörte. Insofern entspricht das geflügelte Wort vom »Silber der kleinen Leute« nicht der historischen Realität. Erst im 19. Jahrhundert lässt sich diese Popularisierung in einigen Regionen Deutschlands wirklich belegen, und zwar zeitgleich mit einem Niedergang der kunsthandwerklichen Qualität.

Abb. 6–12: © Archiv Otto A. Baumgärtel, München

20 Ludwig Mory/Eleonore Pichelkastner/Bernd Höfler: Bruckmann's Zinn-Lexikon, München 1977, S. 267–268.

21 Karl Berling: Altes Zinn. Ein Handbuch für Sammler und Liebhaber, Berlin 1919, S. 181.

22 Hintze: Zinngießer (vgl. Anm.19), Nr. 233.

23 Christoph Weigel: Abbildung der Gemein-Nützlichen Haupt-Stände, Regensburg 1698, S. 304.

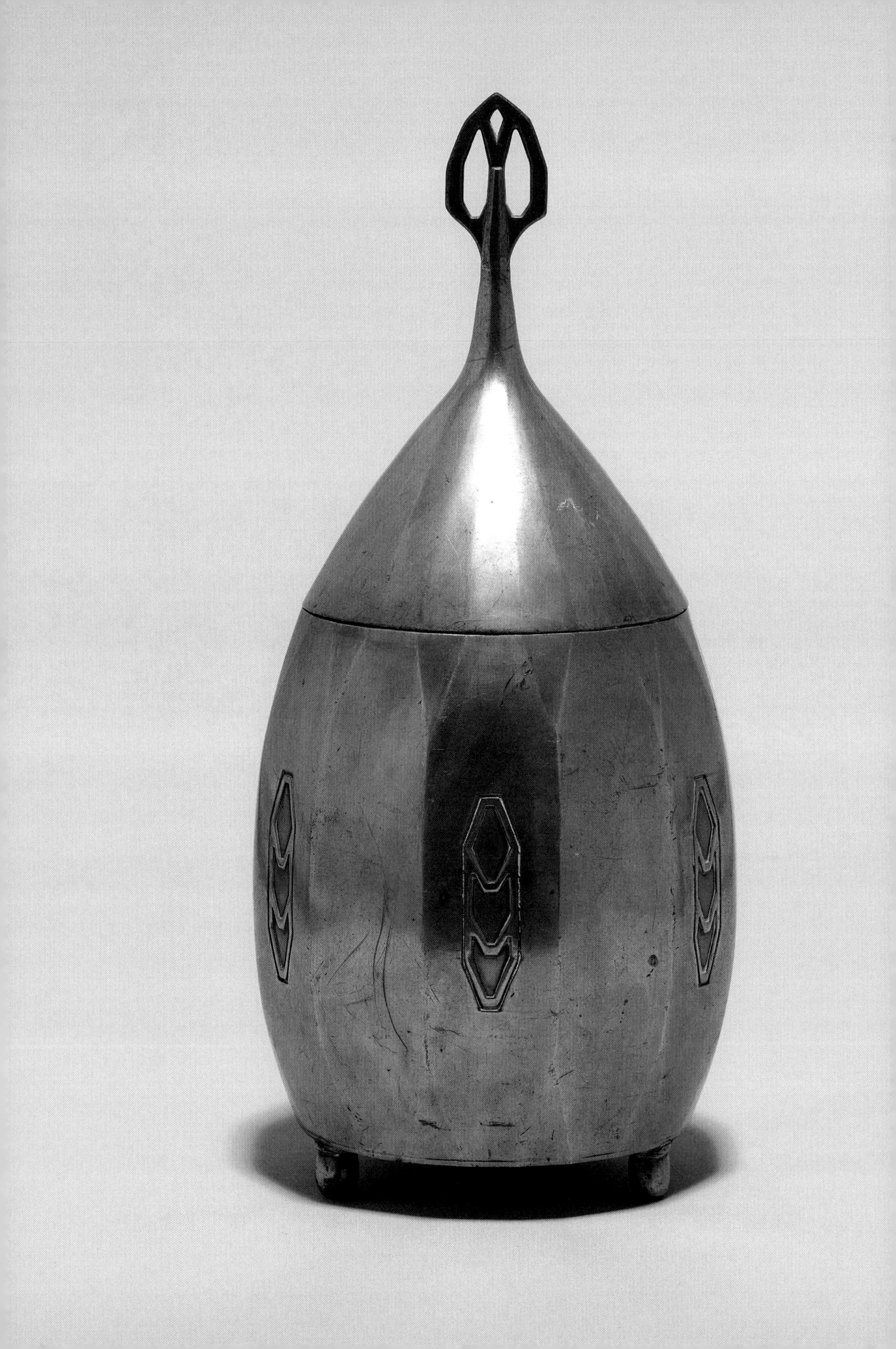

ZINN DER FIRMA WIEDAMANN IM GERMANISCHEN NATIONALMUSEUM

SILVIA GLASER

Zinndose mit Deckel
Entwurf: Christian Metzger (1874–1942)
Ausführung: Eugen Wiedamann, Regensburg, um 1910
Germanisches Nationalmuseum Nürnberg, Inv. Des 1536
H. (ges.) 27,7 cm

Die Dose mit hochovalem Gefäßkörper ist zwölfseitig abgeflacht und steht auf drei kugeligen Füßchen. Der Deckel – ebenfalls zwölfseitig abgeflacht – ist passgenau in die Form integriert und endet in einer hochgezogenen, mit Durchbruchornament versehenen Spitze. Jede zweite der zwölf Wandungsflächen ist mit einem verhältnismäßig kleinen, aus drei sich überlappenden Rauten gebildeten, gravierten Motiv verziert. Etliche Jahre nach der Entstehung der Dose wurde auf dem Boden in lateinischer Schreibschrift die Gravur »Weihnachten 1920« ergänzt. Die Dose geht auf einen Entwurf des Architekten, Bildhauers und Kunstgewerblers Christian Metzger (1874–1942) zurück.

Metzger, der vor allem für seine Tierplastiken bekannt war, hatte sich kurz nach seiner Heirat 1908 in Regensburg niedergelassen und den Kontakt zu Eugen Friedrich (1835–1907) und Eugen Wiedamann (1873–1954) gesucht. Wie aus dem 1915 erschienenen Katalog hervorgeht, entwarf Metzger neben obiger Dose (im Katalog als »Keeksdose« bezeichnet) noch vier weitere Objekte, eine Butterglocke mit Glasschale, einen Zuckerstreuer und einen Eierbecher. Vor allem die Butterglocke und der Zuckerstreuer sind in der Gestaltung (mehrseitig abgeflachte Wandung, Flächendekor und Deckel) der Keksdose sehr ähnlich.

Ein von Hanns von Walther in der Zeitschrift »Schaulade« 1930 publizierter Artikel mit dem Titel »Modernes und doch materialgerechtes Zinn« hob besonders die »gegossenen« Objekte der Regensburger Firma hervor, die ganz im Gegensatz zu den neuen handgeschmiedeten Gefäßen dem Material Zinn nicht gerecht würden. Walther rückte diese neuen Schmiedearbeiten in Zinn, die auf der Leipziger Frühjahrsmesse 1930 erstmal gezeigt wurden, sogar in die Nähe »billiger Bazarartikel«. Für die Regensburger Arbeiten

Abb. 13 Zinndose mit Deckel ▪ Entwurf: Christian Metzger (1874–1942) ▪ Ausführung: Eugen Wiedamann ▪ Regensburg, um 1910 ▪ Zinn, gegossen ▪ H. (ges.) 27,7 cm ▪ Inv. Des 1536

fand Walther hingegen nur lobende Worte und sah gerade in ihnen die Chance, »von der ornamentüberladenen Vergangenheit zu einer gemäßigten ›Neuen Sachlichkeit‹ zu gelangen« (von Walther, S. 1112).

Lit.: Karl H. Bröhan (Hg.), Metallkunst. Kunst vom Jugendstil zur Moderne (1889–1939), (Bröhan-Museum Berlin, Bd. IV) Berlin 1990, S. 514–518. – Peter Germann-Bauer/Helmut Groschwitz (Hg.): Tradition und Aufbruch. Die Oberpfälzische Kreisausstellung 1910, Regensburg 2010, S. 176–179. – Silvia Glaser: Jugendstil in Zinn. Eugen Wiedamann und das Regensburger Zinngießerhandwerk um 1900, in: Kulturgut. Aus der Forschung des Germanischen Nationalmuseums 39 (2013), S. 1–3. – Christian Metzger, in: Thieme-Becker 24, 1930, S. 446. – Stefan Reichmann: Künstler, Architekt und Prinzenerzieher, in: Konrad Maria Färber (Hg.): Kriegsende und Neubeginn. Regensburger Almanach 2005, S. 112–117. – Hanns von Walther: Modernes und doch materialgerechtes Zinn, in: Schaulade 6 (1930), Heft 16, S. 1111–1113 (Dose S. 1112, Abb. 4). – Eugen Wiedamann: Musterbuch für Zinnwaren, Regensburg 1915, S. 40, Nr. 850. – Ders.: Musterbuch für Zinnwaren. Nachtrag, Regensburg 1929, S. 51, Nr. 850. – Alfred Ziffer: Wolfgang von Wersin 1882–1976. Vom Kunstgewerbe zur Industrieform, München 1991, S. 124–126.

Chanukkaleuchter in Menoraform
Eugen Wiedamann, Regensburg 1911
Zinn, gegossen
H. 57 cm; B. 35,3 cm
Germanisches Nationalmuseum Nürnberg, Inv. LGA 9206

Chanukkaleuchter in Bankform
Eugen Wiedamann, Regensburg 1911
Zinn, gegossen
B. 20 cm; H. 18,7 cm; T. 8,3 cm
Germanisches Nationalmuseum Nürnberg, Inv. LGA 9207
Abgekürzte Inschrift: Wer ist wie Du unter den Göttern, Herr?

Teebüchse
Eugen Wiedamann, Regensburg 1911
Zinn, gegossen
H. 17,5 cm; L. 10 cm; B. 10 cm
Germanisches Nationalmuseum Nürnberg, Inv. LGA 9208

Die Gewerbemuseumsbewegung in Europa ließ nach dem Vorbild des South Kensington Museums (heute Victoria and Albert Museum) in London in der 2. Hälfte des 19. Jahrhunderts auf dem Kontinent etliche Museen dieser Art entstehen. Zu den frühesten Gründungen gehört das Bayerische Gewerbemuseum in Nürnberg, das 1869 ins Leben gerufen wurde. Kennzeichnend für alle Museen – auch für das Nürnberger – waren eine

Abb. 14 Chanukkaleuchter in Menoraform ▪ Eugen Wiedamann ▪ Regensburg 1911 ▪ Zinn, gegossen ▪ H. 57 cm; B. 35,3 cm ▪ Inv. LGA 9206

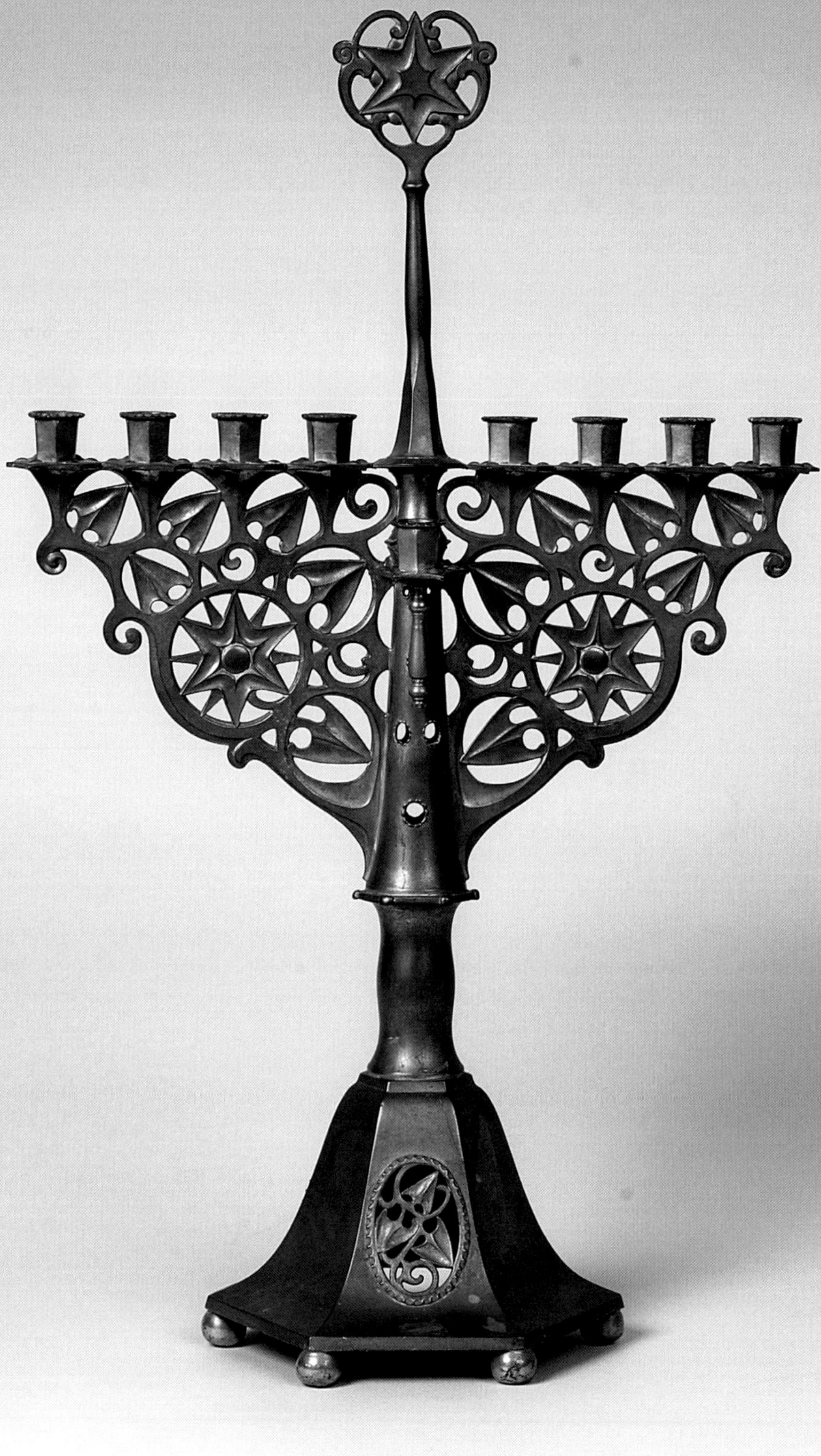

nach Materialien strukturierte, umfangreiche Objektsammlung und ein umfassendes pädagogisches Programm, das neben der Präsentation von Ausstellungen vor allem ein breitgefächertes Unterrichts- und Kurswesen bot. Die Kurse dienten in der Regel zur intensiven Vorbereitung für die Erlangung von Gesellenbriefen und Meisterprüfungen, zur speziellen Fachausbildung in bestimmten Bereichen (Galvanik, Blitzableiter, Schweißkurse), zur Umschulung für Berufswechsler und schließlich zur steten Ergänzung des Fachwissens in vielen Berufen. Um 1900 war die Objektsammlung – im eigenen Fachjournal als Mustersammlung bezeichnet – bereits auf über 8000 Inventarnummern angewachsen. Die wichtigsten Erwerbungen hatte das Museum übrigens auf den Weltausstellungen getätigt.

Da in Nürnberg um 1900 immer noch Formen des Historismus in Architektur und Kunsthandwerk herrschten, versuchte der damalige Direktor Theodor von Kramer (1852–1927) mit der Einführung von Kunstgewerblichen Meisterkursen neue Impulse zu geben und die Verbreitung des »Neuen Stils« – des Jugendstils – voranzubringen.

Zur Teilnahme aufgefordert waren Vertreter aller Handwerkssparten. Für ihr Unterrichtsmaterial hatten die Teilnehmer selbst zu sorgen. Die Kurse hatten eine Dauer von vier Wochen, die Teilnahme kostete 15 Mark. Insgesamt fanden zwischen 1901 und 1913 zwölf Kurse statt. Mit Peter Behrens (zwei Kurse), Richard Riemerschmid (drei Kurse), Paul Haustein (drei Kurse) und Friedrich Adler (vier Kurse) war es Kramer gelungen, die damals führenden Kunstgewerbler als Kursleiter zu gewinnen. Den zehnten Kurs unter der Leitung des aus Hamburg kommenden Friedrich Adlers im Jahr 1911 hatte auch der Regensburger Eugen Wiedamann (1873–1954) besucht. Im Unterschied zu den Jahren davor, in denen Handwerker aus dem Bereich Metall sehr gut vertreten waren, war Wiedamann neben Christian Schönamsgruber (1875–1961) 1911 der einzige in dieser Sparte. Während des Kurses entstanden drei Arbeiten, die für die Sammlungen des Gewerbemuseums im Anschluss angekauft wurden: zwei Leuchter und eine Teebüchse.

Der Chanukkaleuchter in Menoraform beeindruckt durch seine Größe. Der hochgewölbte sechsseitige Fuß, der auf sechs kugeligen Füßchen steht, zeigt Durchbrucharbeit in Ovalform. Am Schaft sind zwei dreieckige Flächen angesetzt, die wiederum Durchbrucharbeit (u. a. zwei große Sternformen) zeigen. Auf der oberen Abschlussleiste der Dreiecke sitzen jeweils vier Tüllen für die Kerzen. In der Mitte ist der Schaft über die Tüllenreihe weiter nach oben geführt und endet in einem sechszackigen Stern. Der neunte Kerzenhalter, in dem die Kerze zum Entzünden der acht Kerzen des Chanukkafestes (Weihefest) steckt (Schammasch), ist separat gefertigt und hängt an einer Öse am Schaft. Sehr verbreitet und durch viele Jahrhunderte üblich waren Chanukkaleuchter in Bankform. Die ältesterhaltenen Exemplare datieren aus dem 13. Jahrhundert. Bei unserem Objekt, das auf vier Füßchen steht, nimmt der kreisrunde Durchbruch in der Mitte der Rückwand und an den Seitenpartien Dekormotive des großen Leuchters wieder auf.

Die dekorativen Elemente bei der Teedose zeigen in den gekehlten Eckpartien jeweils eine Blüten- und Blättergirlande sowie in der Mitte jeder Wandungsseite ein hochovales Medaillon mit einem Vogel zwischen Blättern. Auch die Oberseite des Dosendeckels ist mit Blütenmotiven versehen.

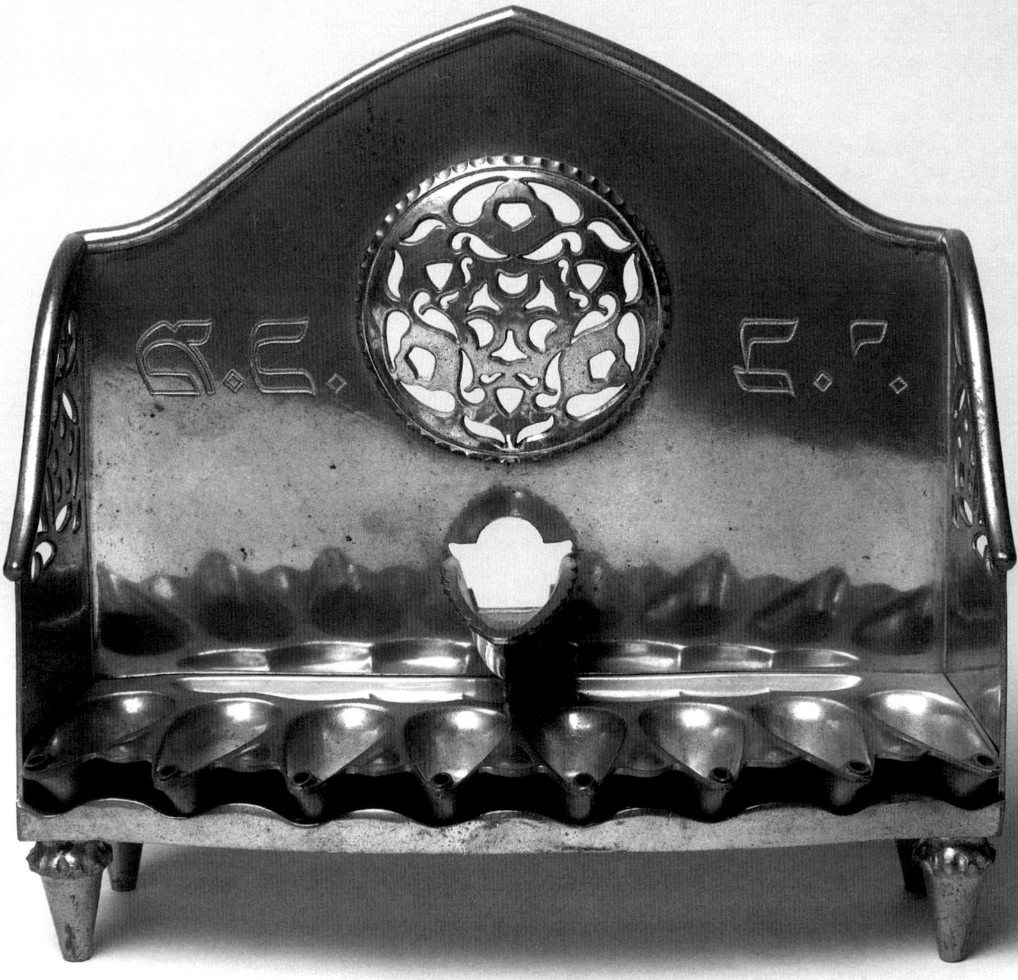

Abb. 15 Chanukkaleuchter in Bankform ▪ Eugen Wiedamann ▪ Regensburg 1911 ▪ Zinn, gegossen ▪ B. 20 cm; H. 18,7 cm; T. 8,3 cm ▪ Inv. LGA 9207 ▪ Abgekürzte Inschrift: Wer ist wie Du unter den Göttern, Herr?

Vergleicht man die etwa zeitgleichen Entwürfe Adlers mit den Kursarbeiten von Wiedamann, zeigt sich ein deutlicher Einfluss des Kursleiters. Im Wesentlichen finden sich alle Dekorelemente auf Arbeiten Adlers, so beispielsweise an einem 1910 für die Heilbronner Firma Bruckmann geschaffenen Leuchterpaar mit Jardinière, die mit ähnlicher Durchbrucharbeit versehen waren wie unsere Leuchter und die die Publikumsmeinung spalteten. Theodor Heuß sah sie in einem Artikel in der Zeitschrift »Die Kunst« als misslungen an. Während Robert Bauer in seinem Buch über Deutschlands Raumkunst und Kunstgewerbe auf der Brüsseler Weltausstellung (Stuttgart 1910) sie als »kühn erdacht und kühn gelungen« klassifizierte. Nach Bauer hätten insbesondere die Durchbruchformen ihren Ursprung in der »volkstümelnd-romantisierenden Grafik (z. B. Heinrich Vogeler), sowie [in] einer besonders in der Münchner Debschitzschule geprägten Zierkunst, die ihre Wurzeln in der Ornamentik der Spätgotik wie auch der islamischen Kunst haben mag«.

Zumindest ergab sich nach der Kursteilnahme eine enge Zusammenarbeit Adlers mit Eugen Wiedamann. Etliche jüdische Kultgeräte entstanden nach 1911 in Messing und Zinn, die erstmals bei der Werkbund-Ausstellung in Köln 1914 im Innenraum der dort aufgebauten Synagoge der Öffentlichkeit gezeigt wurden. Ein Jahr später, 1915, bot Wiedamann in seinem Verkaufskatalog auf den Seiten 46 bis 50 eine ganze Reihe von jüdischen Kultgeräten an, die auf Entwürfe Friedrich Adlers zurückgehen.

Lit.: Bernward Deneke u. a. (Hg.): Siehe der Stein schreit aus der Mauer. Geschichte und Kultur der Juden in Bayern, Ausst.Kat. Germanisches Nationalmuseum Nürnberg 1989, Nr. 3/127, 3/133. – Peter Germann-Bauer/Helmut Groschwitz (Hg.): Tradition und Aufbruch. Die Oberpfälzische Kreisausstellung 1910, Regensburg 2010, S. 176–179. – Wulf Herzogenrath/Dirk Teuber/Angelika Thiekötter (Hg.): Der westdeutsche Impuls 1900–1914. Kunst und Umweltgestaltung im Industriegebiet, Die Deutsche Werkbund-Ausstellung Cöln 1914, Köln 1984. – Brigitte Leonhardt/Dieter Zühlsdorff (Hg.): Spurensuche: Friedrich Adler. Zwischen Jugendstil und Art Déco, Stuttgart 1994, S. 111–112, S. 408–411. – Claus Pese: Jugendstil aus Nürnberg. Kunst Handwerk Industriekultur, Stuttgart 2007. – Eugen Wiedamann: Musterbuch für Zinnwaren. Regensburg 1915, S. 40, 49–50.

Abb. 16 Teebüchse ▪ Eugen Wiedamann ▪ Regensburg 1911 ▪ Zinn, gegossen ▪ H. 17,5 cm; L. 10 cm; B. 10 cm ▪ Inv. LGA 9208

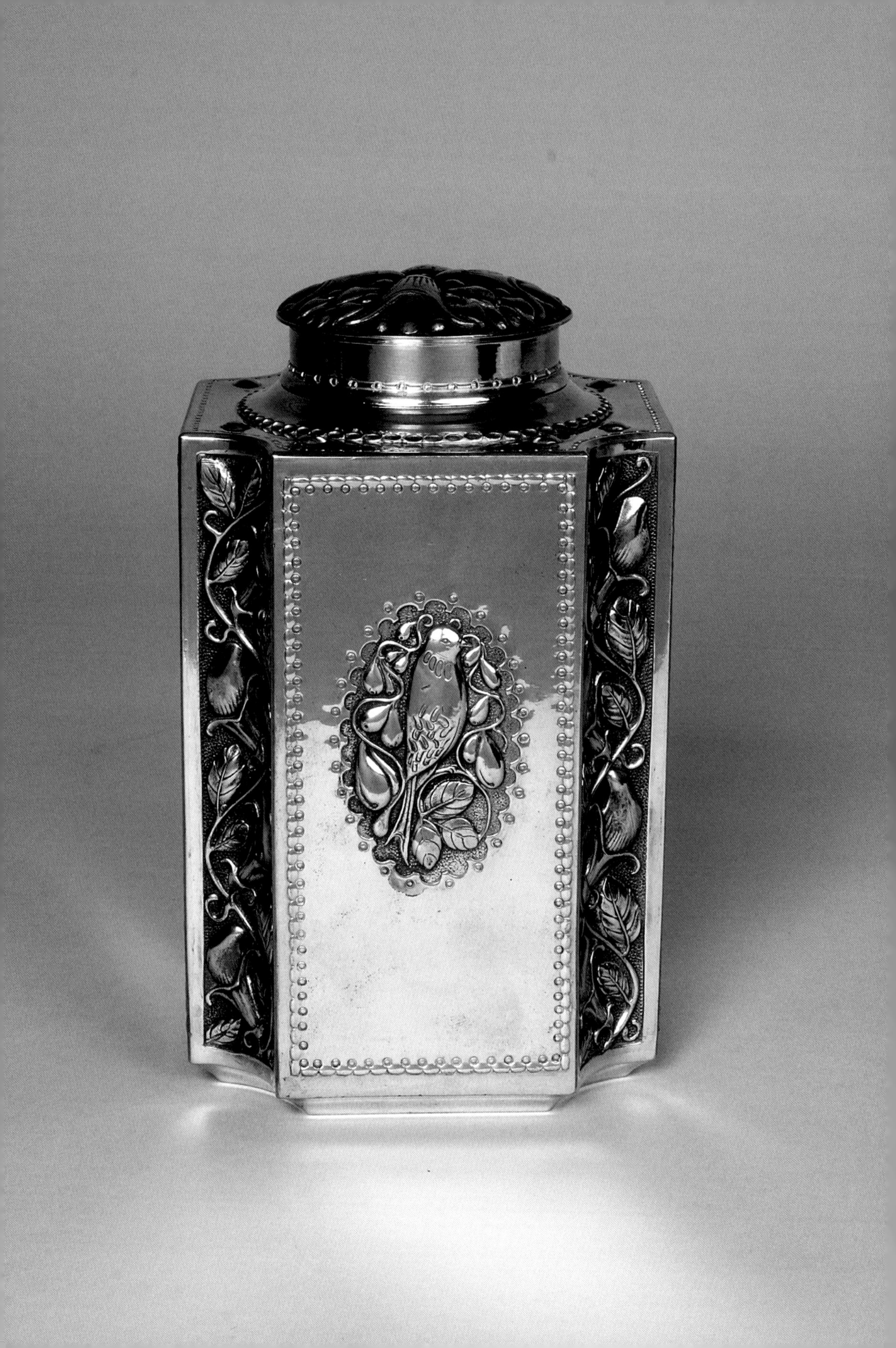

Aufnahmen eines Festzuges durch die Goliathstraße/Regensburg, vermutlich anlässlich der Eröffnung der Oberpfälzischen Kreisausstellung, die 1910 im Regensburger Stadtpark stattfand ▪ Archiv Familie Wiedamann ▪ Repro: Peter Ferstl

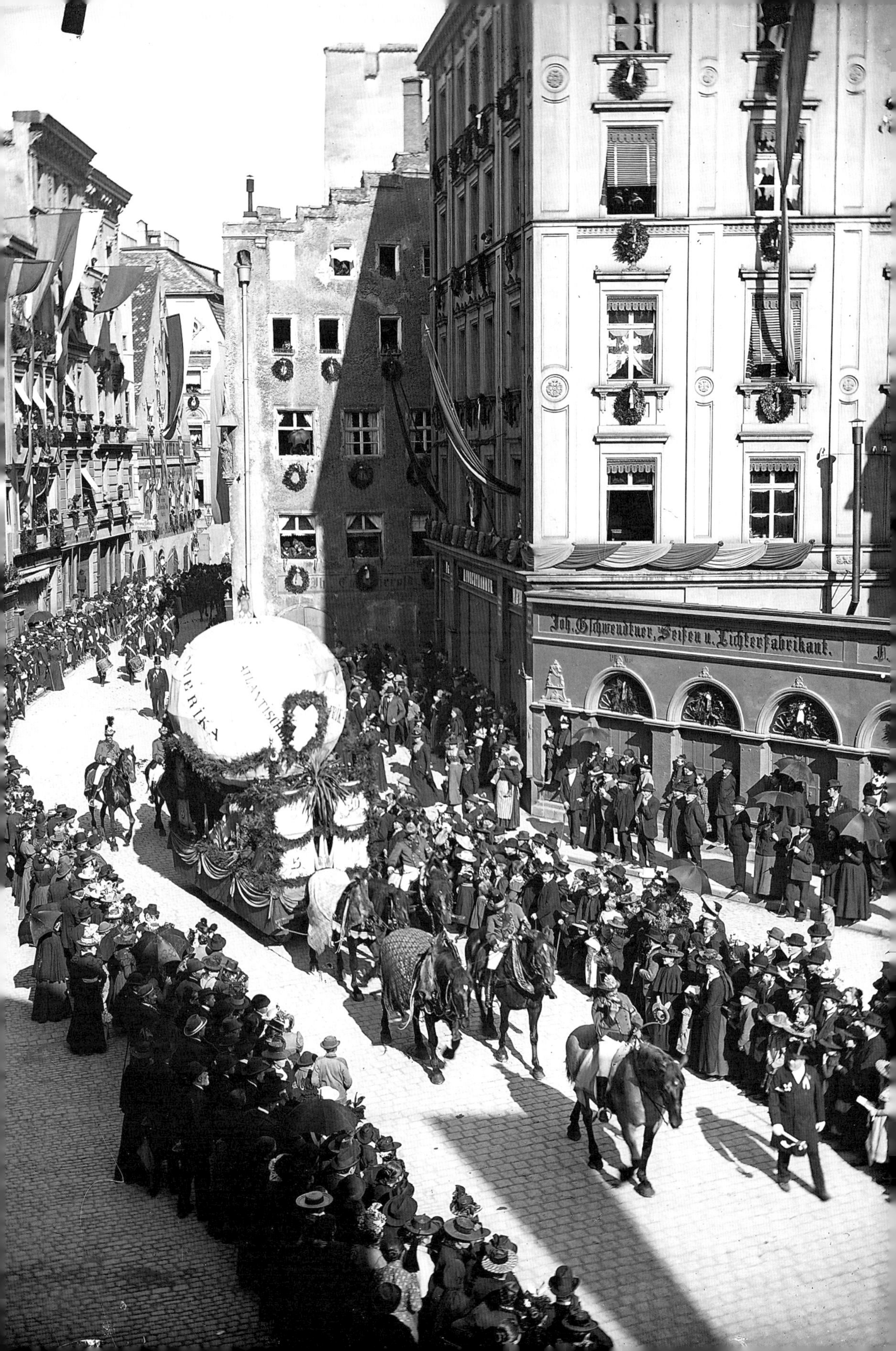
Joh. Gschwendtner, Seifen u. Lichterfabrikant.
AMERIKA

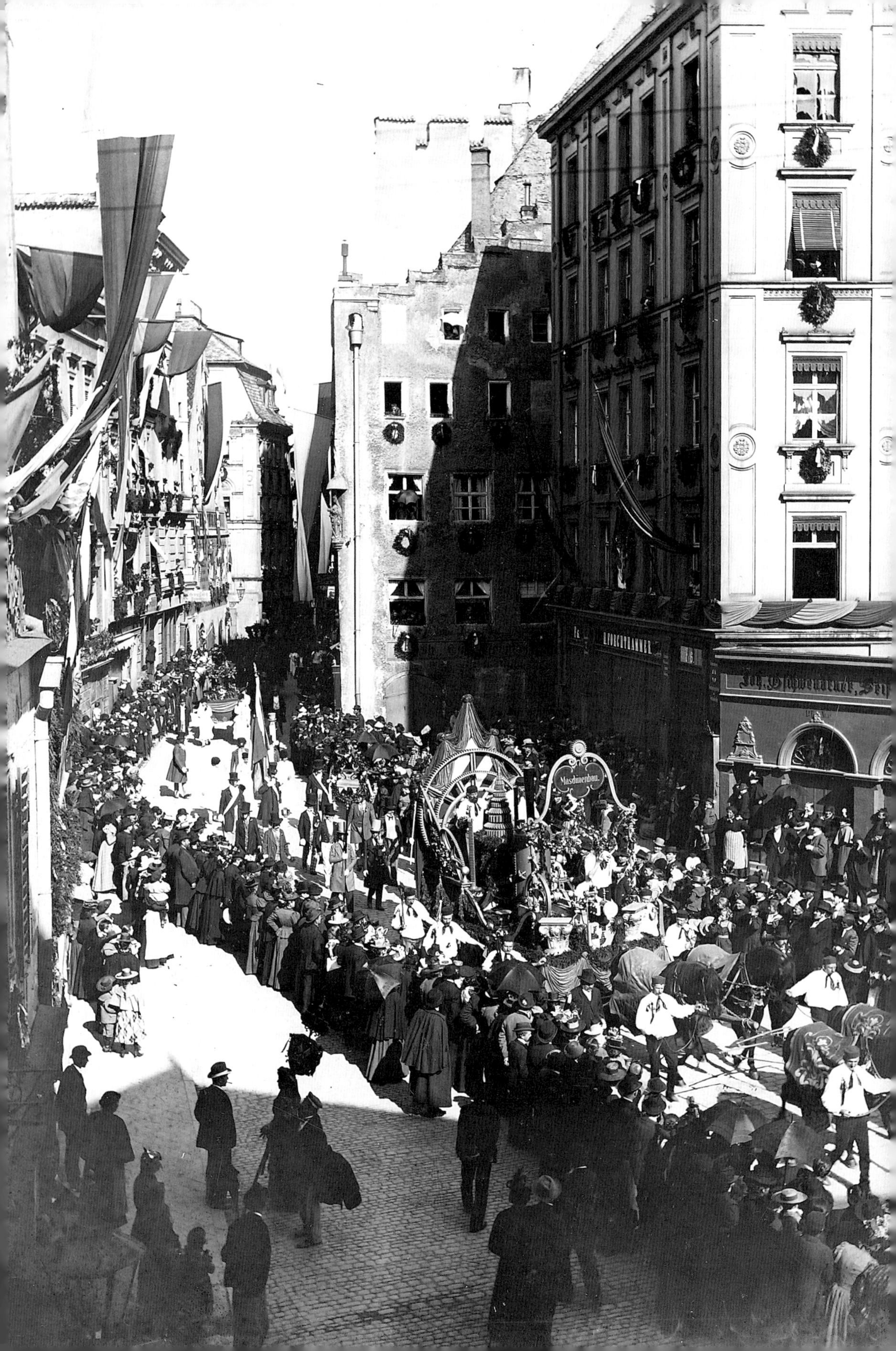
Maschinenbau.

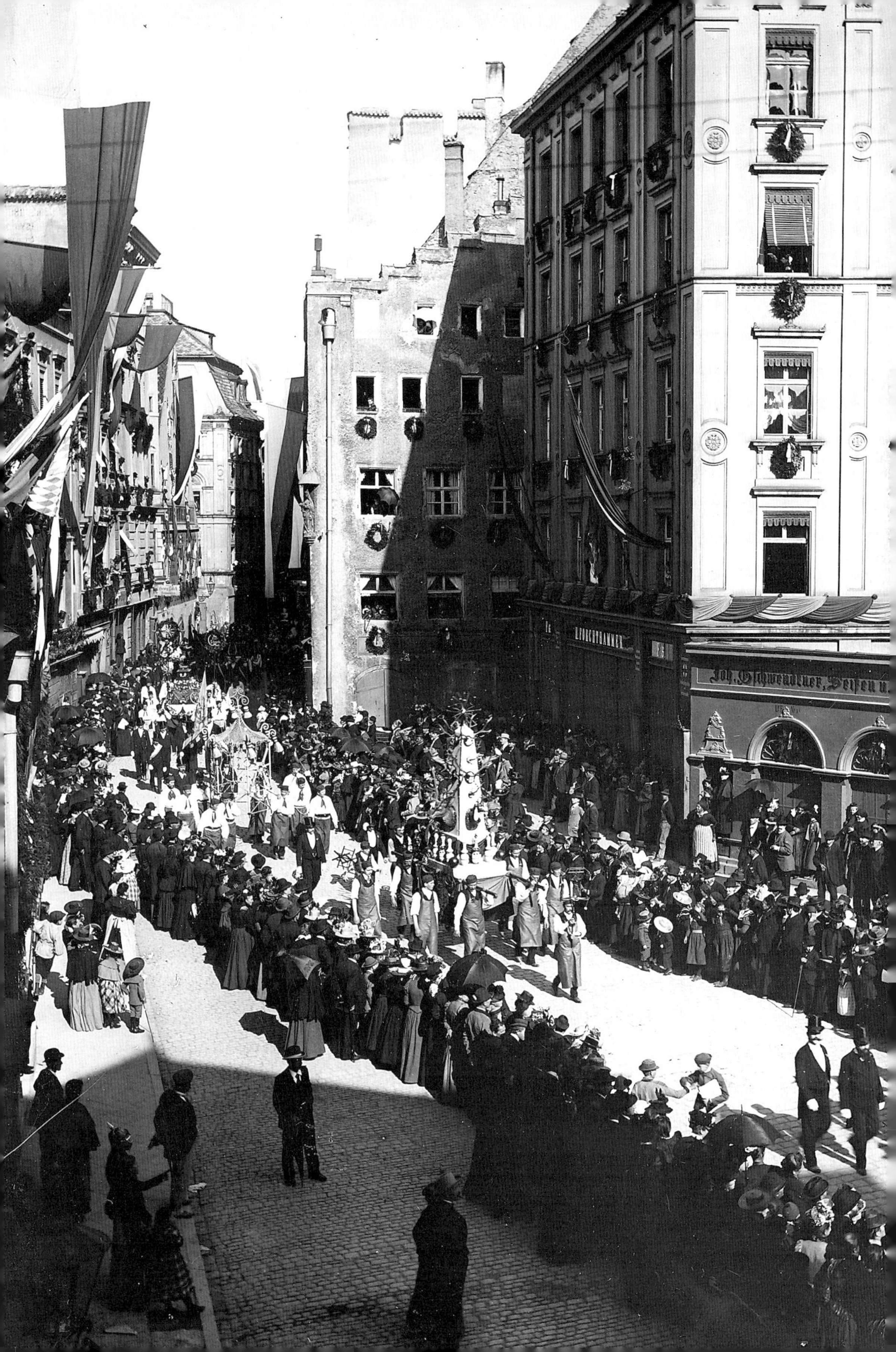
Joh. Gschwendtner, Seifen u.

DIE FIRMA WIEDAMANN UND WOLFGANG VON WERSIN

CAROLINE-SOPHIE EBELING

Die Weiterentwicklung von bekannten und bewährten Formen des Zinngeräts innerhalb der Firma Wiedamann sollte ihren Höhepunkt in der Zusammenarbeit des Firmeninhabers Richard Wiedamann senior mit dem in Prag gebürtigen Künstler und Architekten Wolfgang von Wersin (1882–1976) finden. Den Weg dazu hatte schon Richards Großvater Eugen Friedrich (1835–1907), aber vor allem sein Vater Eugen Wiedamann (1873–1954) geebnet. Dazu trug nicht nur die schrittweise Technisierung des Herstellungsprozesses bei, indem der alte Deutzmotor in der Werkstatt in der Regensburger Brückstraße durch einen Elektromotor ersetzt wurde. Vielmehr hatte vor allem Eugen die gewinnbringenden Kooperationen mit namhaften Künstlern der damaligen Zeit als zukunftsweisend erkannt.

Während er mit dem Regensburger Architekten und Künstler Christian Metzger (1874–1942) auf der Oberpfälzischen Kreisausstellung 1910 in Regensburg und dem jüdischen Künstler Friedrich Adler (1878–1942) auf der Deutschen Werkbund-Ausstellung Köln 1914 bereits große Erfolge feierte, strebte auch sein Sohn ab 1929, nach seiner erfolgreichen Meisterprüfung, diese unternehmerischen Ziele an. Neben den Regensburger Künstlern Professor Franz Ermer (1886–1976) und Jo Lindinger (1907–1995) waren es vor allem die Entwürfe des Künstlers Wolfgang von Wersin, welche die Firma in eine neue Ära der Formengestaltung geleiten sollten.[1] Unter seinem künstlerischen Eindruck entstand zwischen 1928 und 1937 eine Reihe von Gegenständen, die den Ruhm der Firma bis in die Gegenwart begründeten. So zum Beispiel eine Serie von Tee-, Kaffee- und Deckelkannen, Kerzenleuchtern und auch Schalen. Hierbei gilt es vor allem eine Gruppe von Deckelkrügen in drei verschiedenen Versionen mit jeweils passenden Bechern sowie Tabletts hervorzuheben.

Das nachfolgende Beispiel einer schlichten Kanne (Abb. 17) entstand um 1935: Über einem eingezogenen, runden Standfuß erhebt sich der balusterförmige, glatte Bauch des Gefäßes. Nach einer eingezogenen Schulter schließt sich der nach oben hin offene Hals sowie Becher der Kanne an. Ein glatter, schlichter und geschwungener Bandhenkel mit einer flachen Daumenrast verbindet den ebenfalls abgeflachten Deckel mit Kunststoffknauf

1 Dagmar Rödiger/Peter Germann-Bauer: Geschichte der Zinngießerei Wiedamann, in: Dagmar Rödinger (Hg.): Altes Zinn aus Regensburg. Die Werkstatt Wiedamann, Sonderausstellung der Museen der Stadt Regensburg in Zusammenarbeit mit Heinrich Rappl, Burg Wolfsegg 1. Mai bis 30. September 1993, S. 1–10, hier: S. 9–10.

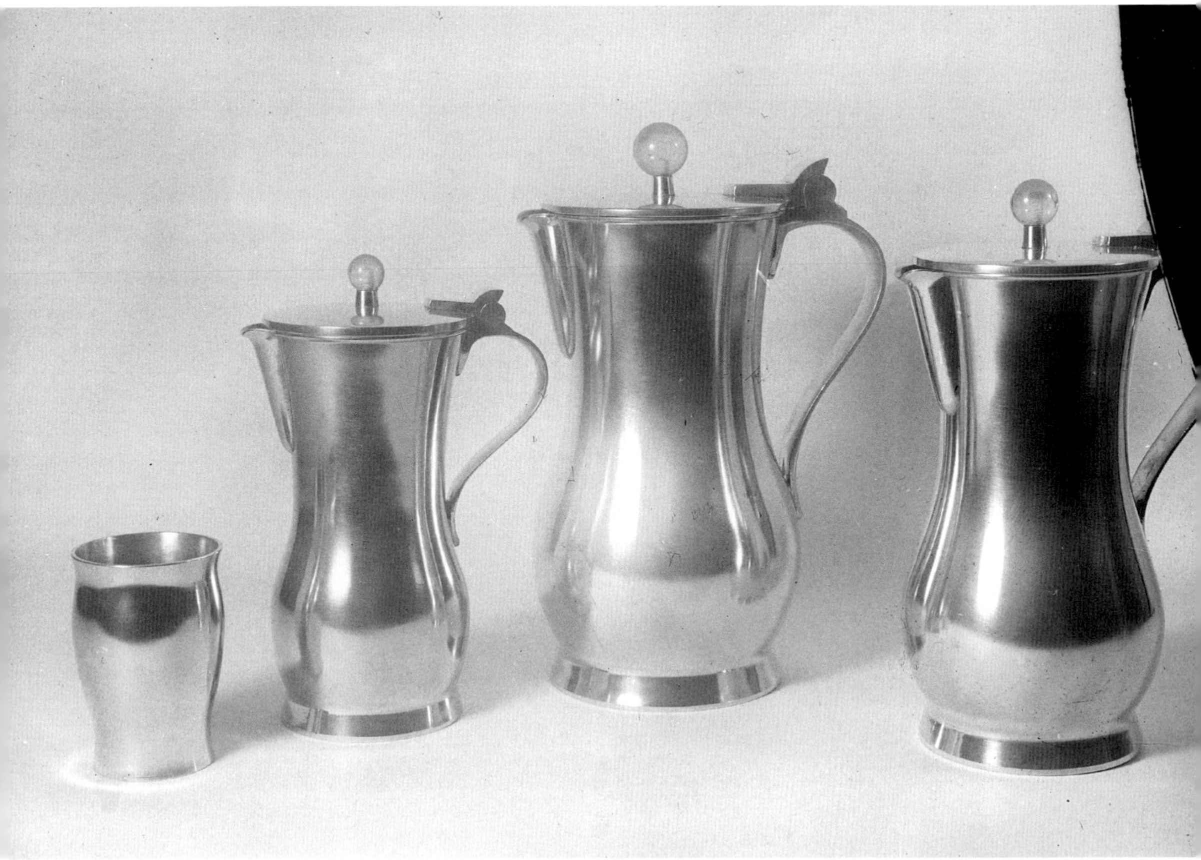

Abb. 17 Deckelkrug (siehe Kanne ganz rechts) ▪ Entwurf: Wolfgang von Wersin, Ausführung: Richard Wiedamann sen. ▪ Regensburg ▪ 1935 ▪ H. (mit Knauf) 26,5 cm, B. 17,5 cm, Dm. Standring 10,7 cm, Korpus: 1,6 Liter ▪ Modellnummer: 1855 ▪ Privatbesitz ▪ Archiv Familie Wiedamann

und den Korpus. Die sehr glatte Schnaupe mit niedriger Öffnung wurde tief an den Hals angesetzt. Der Becher (Abb. 18) wurde vergleichbar unprätentiös, dafür aber umso wirkungsvoller gestaltet: Ohne Standring erhebt sich der langgezogene, nach oben bauchige, nach unten sich verjüngende Korpus, der in einer zarten Lippe am Mündungsrand endet. Das annähernd quadratische Tablett zeichnet sich durch einen schmalen, zart gegrateten Rollrand und einen sehr breiten Spiegel aus. Allen Teilen dieses Services ist eine glatte und ausdrucksstarke Komposition gemein. Ebenso verhält es sich bei den beiden anderen Versionen des Deckelkruges mit Bechern und passendem Tablett.

So wurde unter dem Eindruck Wersins durch Richard Wiedamann sukzessive eine moderne Abteilung aufgebaut, die auch mehrere Eigenentwürfe der Firma hervorbrachte. Besondere Aufmerksamkeit gilt einer Deckelkanne (Abb. 19 und 20), die ebenfalls in drei Größen nach Entwurf von Richard Wiedamann senior gefertigt wurde: Jenes Gefäß zeichnet

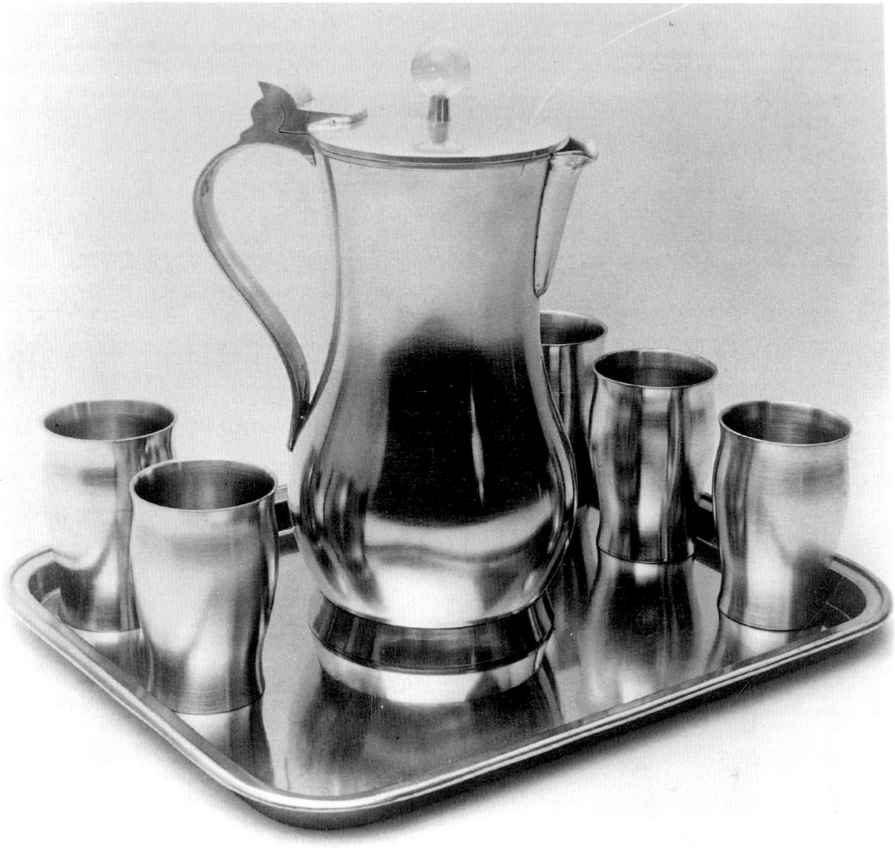

Abb. 18 Becher ▪ H. 9 cm, Dm. oben 6 cm, Dm. Standring 5 cm ▪ Modellnummer: 1888 ▪ Privatbesitz ▪ Archiv Familie Wiedamann

sich durch einen bauchigen, glatten Korpus aus, welcher über einem schmalen Standring mit gewölbter Schulter bis hin zu einem aufgesetzten Hals erwächst. Der Mündungsrand mit angesetzter Schnaupe wird durch einen runden, flachen Deckel verschlossen. Ein schlichter Bandhenkel mit Deckeldrücker verbindet eben diesen mit dem Korpus. Die dazu passenden Becher als auch das Tablett sind in ihrer Oberflächenbeschaffenheit ähnlich gehalten wie das vorangehend beschriebene Service Wolfgang von Wersins.

Es entstanden in der Folge noch weitere Wiedamann'sche Zinngeräte mit einer schweren und glatten Oberfläche, die anschließend nach Belieben auf einer Drehbank nachgearbeitet werden konnten. Die Gliederung dieser Gegenstände wurde lediglich durch Rillen oder Profile erzielt. Aufgrund der äußerst erfolgreichen Zusammenarbeit konnte die Firma Wiedamann ab 1930 regelmäßig an der Leipziger Grassi-Messe partizipieren. Für die Entwicklung einer speziellen Oberflächengestaltung, des sogenannten Rau-Zinns, erhielt

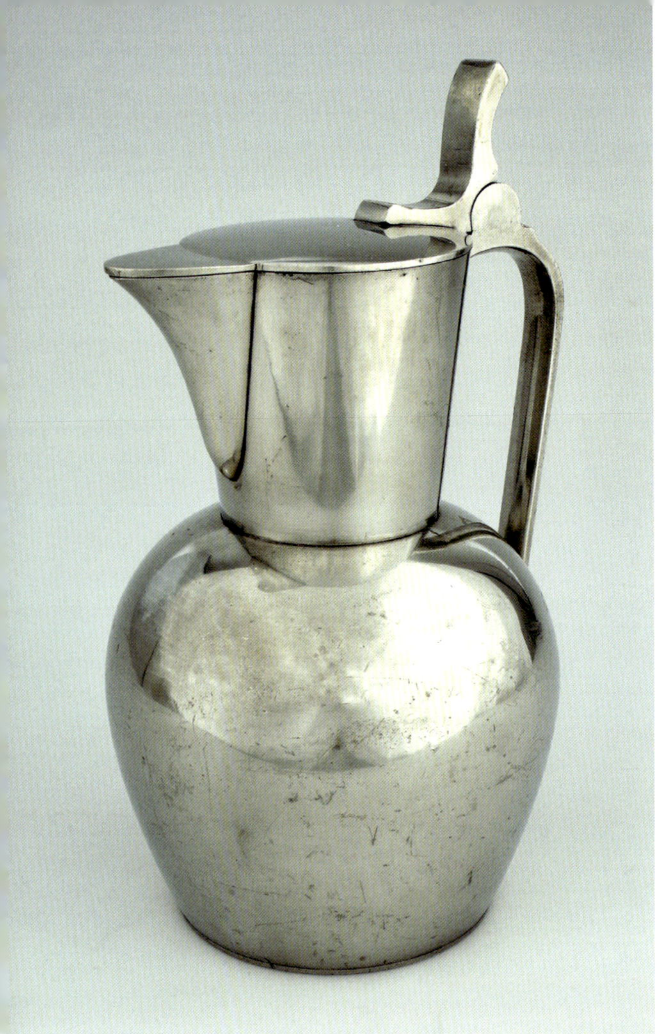

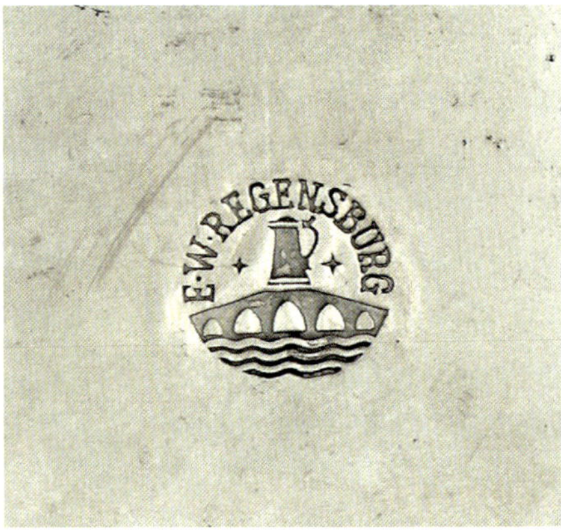

Abb. 20 Firmenstempel von Richard Wiedamann sen. und Richard Wiedamann jun. ▪ geschlagen ab 1935

Abb. 19 Deckelkanne »Moderne Stitzenform« ▪ Entwurf/Ausführung: Richard Wiedamann sen. ▪ 1938 ▪ H. (mit Deckeldrücker) 33 cm, Dm Standring 12,7 cm, Dm. oben (mit Griff und Ausgießer) 23 cm ▪ Inv. Nr.: K 2013-41,1 ▪ Modellnummer: 1861 ▪ Museen der Stadt Regensburg

Richard Wiedamann senior 1936 sogar das Patent. Zudem errang er auf der Pariser Weltausstellung 1937 für seinen Entwurf eines Likörservices den Grand Prix und empfing ein Jahr später auf der Internationalen Handwerkerausstellung in Berlin den »Großen Preis« als Würdigung seiner schöpferischen Leistungen.[2]

Dieses Likörservice (Abb. 21) der Pariser Weltausstellung ist auch heute noch ein begehrtes Sammlerobjekt. Über einem eingezogen, gewölbten Standring erwächst nach einer schmalen Kehlung der runde Bauch der Kanne (Abb. 22 und 23). Der sich nach oben verbreiternde und gerippte becherförmige Hals wurde auf die ebenfalls eingezogene Schulter des Korpus gesetzt. Der Mündungsrand wird durch einen nach oben gewölbten Deckel komplett verschlossen. Ein runder, schmaler Bandhenkel verbindet über eine schlichte Daumenrast den Bauch mit dem Deckel. Die ebenso gewellte Stufenwandung

2 Ebd., S. 10.

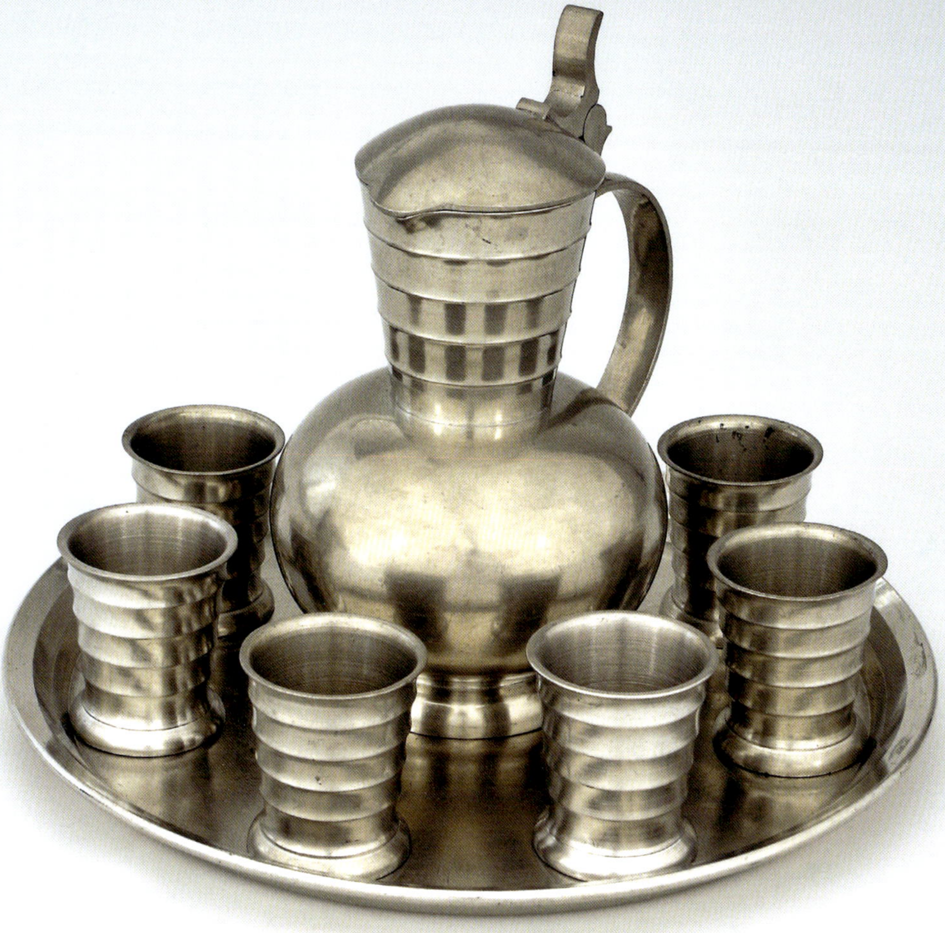

Abb. 21 Likörservice »Grand Prix« ▪ Deckelkännchen – Entwurf/Ausführung: Richard Wiedamann sen. ▪ Regensburg ▪ 1937 ▪ H. ges. (mit Daumenrast) 16,5 cm, Dm. (mit Griff) 12,5 cm ▪ Inv. Nr.: K 2012-50,18 1 (Service komplett: K 2012-50,18) ▪ Modellnummer: 1764 ▪ Museen der Stadt Regensburg

der Becher (Abb. 24) verläuft über einem flachen, nach oben gewölbten Standring. Der Korpus verbreitert sich zum Mündungsrand und schließt oben durch eine schmale Lippe ab, die mit ihrer nach außen gehenden Bewegung auf den Standring antwortet. Das dazu passende Tablett ist sehr einfach gehalten, mit einem schräg nach außen kragenden Rand, welcher lediglich durch drei schmal voneinander abgesetzte Bänder gegliedert wird.

Das beschriebene Service veranschaulicht eindrucksvoll die sich in den 1930er Jahren verbreitende Mode der sogenannten Maschinenästhetik. Jene in diesem Stil entstandenen Stücke wirken bisweilen wie Bauteile von technischen Geräten. Der maschinelle Herstellungsprozess wird somit in eine gestalterische Ästhetik übertragen. Wolfgang von Wersin entwarf nicht nur für die Firma Wiedamann, sondern auch für die Deutschen Werkstätten, die Staatliche Porzellan-Manufaktur Nymphenburg, die Metallwarenfabrik Erhardi & Söhne

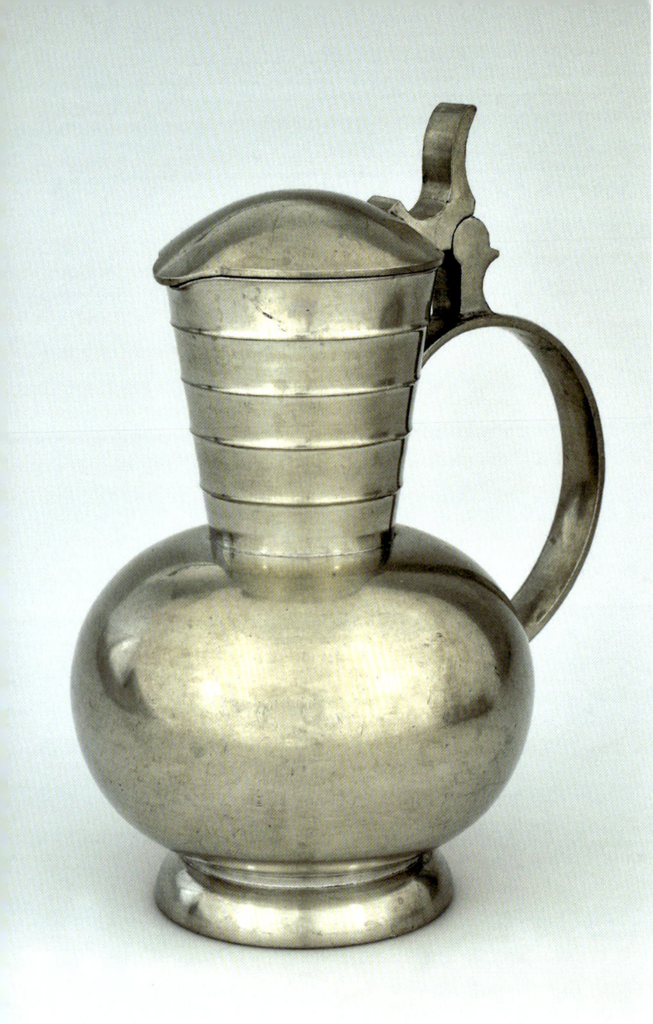

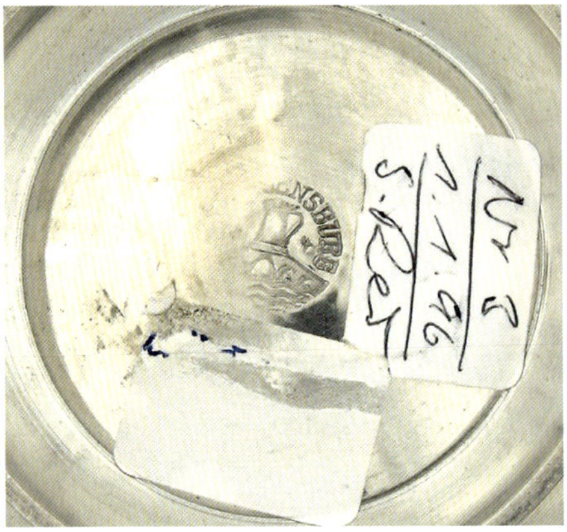

Abb. 23 Firmenstempel von Richard Wiedamann sen. und Richard Wiedamann jun. ▪ geschlagen ab 1935

Abb. 22 Becher ▪ H. 4,5 cm, Dm. 4 cm ▪ Zinnguss ▪ Inv. Nr.: K 2012-50,18 3 (Service komplett: K 2012-50,18) ▪ Modellnummer: 1763 ▪ Tablett ▪ Dm. 22,5 cm ▪ Inv. Nr.: K 2012-50,18 2 (Service komplett: K 2012-50,18) ▪ Modellnummer: 1765 ▪ Museen der Stadt Regensburg

in Schwäbisch Gmünd, die Porzellanfabriken Rosenthal, Thomas, C. M. Hutschenreuther und Bauscher, die Porzellan-Manufaktur in Meißen, die Staatliche Glasmanufaktur Moser in Karlsbad u.v.a.

Ebenso wie der bereits erwähnte Künstler Friedrich Adler war auch der Architekt Wolfgang von Wersin von 1902 bis 1905 zunächst Schüler, ab dem Jahr 1906 dann auch Dozent an der Münchner Debschitz-Schule bei Herrmann Obrist (1862–1927) gewesen.[3] 1906 erhielt von Wersin ebendort eine Lehrstelle für zeichnerisches Naturstudium und Modellieren. In der Folgezeit vertiefte er seine gestalterische Tätigkeit auf breiter Ebene und präsentierte zusammen mit den Deutschen Werkstätten eine Reihe von Zinngerät auf der

3 Karl H. Bröhan (Hg.), Metallkunst. Kunst vom Jugendstil zur Moderne (1889–1939), (Bröhan-Museum Berlin, Bd. IV) Berlin 1990, S. 328; vgl. Hans v. Ankwicz: Wersin, Wolfgang von, in: Thieme-Becker, Allgemeines Lexikon der bildenden Künstler von der Antike bis zur Gegenwart, hg. v. Hans Vollmer, Bd. 35, Leipzig 1942, Sp. 423–424.

Deutschen Werkbundausstellung in Köln 1914, auf welcher auch die Firma Wiedamann, wie bereits erwähnt, vertreten war. In den Jahren 1929 bis 1934 übernahm Wolfgang von Wersin schließlich die Leitung der Neuen Sammlung in München, bis er von den Nationalsozialisten seines Amtes enthoben wurde.[4]

Seine, nicht nur für die Firma Wiedamann geschaffenen Entwürfe haben aber bis heute nichts von ihrer Bekanntheit und auch ihrer Ästhetik eingebüßt. Schlichte, dem Material und seinen Eigenheiten verpflichtete Gestaltung im Geiste der Neuen Sachlichkeit sowie des Funktionalismus kennzeichnet auch jene für Wiedamann in Regensburg geschaffenen Objekte. Die Verwendung von durch Gebrauch bestätigter Formen macht jene Stücke bis heute zu äußerst reizvollem Zinngerät.

Abb. 17–18: Repro: Peter Ferstl © Archiv Familie Wiedamann
Abb. 19–23: Michael Preischl © Museen der Stadt Regensburg

4 Alfred Ziffer: Wolfgang von Wersin, in: Stefan Reichmann: Sehnsucht nach Form. Friedrich Adler, Christian Metzger, Wolfgang von Wersin und ihre Meisterstücke in Zinn, Regensburg 2003, S. 42–44.

PRODUKTVIELFALT UND EXKLUSIVITÄT
Aspekte der Verkaufsstrategie der Zinngießerei Wiedamann

WOLFGANG NEISER

»Was nützt das beste Produkt, wenn es niemand kennt?« Antworten auf diese Frage existieren nicht erst seit dem Zeitpunkt, als sich Firmen dazu entschlossen haben, eigene Marketingabteilungen einzurichten. Die Etablierung eines Produkts auf dem Markt durch gezielte Werbung und durch eine gut überlegte, akquisitorische Distributionsstrategie ist seit den Weltausstellungen in der zweiten Hälfte des 19. Jahrhunderts[1] fester Bestandteil unterschiedlicher Verkaufsstrategien einzelner Industriezweige und Kunsthandwerksbetriebe.[2] Ging man unter den Bedingungen von Massenproduktionen zunächst von einem rein produktorientierten Verständnis für die Steigerung der Effizienz der Leistungserstellung und einer flächendeckenden Distribution der produzierten Güter als Ziel einer Marketingstrategie aus,[3] so veränderte sich diese durch die zunehmende Sättigungserscheinung in der Nachfrage und dem Wandel der Märkte von Käufer- zu Verkäufermärkten zu einer eher verkaufsorientierten Sichtweise.[4] Diesem Zusammenspiel von Produkt, Werbung und Distribution verschließt sich auch die Firma Wiedamann nicht. Sie sucht bewusst einige, auf ihre Produktpalette abgestimmte Formen der Werbung und der Präsentation aus, um den Bekanntheitsgrad der Produktvielfalt und die damit verbundene Exklusivität zu steigern. Nachfolgende Untersuchung greift einzelne Aspekte einer kundenorientierten Verkaufsstrategie der Zinngießerei Wiedamann heraus und bezieht sich dabei stichprobenartig auf die eingesetzten Printmedien, wie Musterbücher, Anzeigenschaltung und redaktionelle Beiträge zwischen den Jahren 1899 und 1960. Gleichzeitig öffnet sich damit ein

1 Gerade die Weltausstellungen der 90er Jahre des 19. Jahrhunderts in Chicago (1893) und Paris (1900) trugen durch das Design der Präsentationsstände in Kombination mit der Leistungsfähigkeit von Industrie und Handwerk zur Markenbildung bei.

2 Die Etablierung eines Gütesiegels als Umkehrungsprozess zeigt die Verwendung der Zuschreibung des Herkunftslandes als Herstellungsangabe »Made in Germany« zwischen den Jahren 1887 und 1891. Zunächst von Großbritannien im »Merchandise Marks Act« (1887) als negativ Kennzeichnung von Waren aus Deutschland gedacht, wurde die Bezeichnung 1891 durch das »Madrider Abkommen zur Unterdrückung falscher Herkunftsangaben auf Waren« ein bis heute nicht mehr wegzudenkendes Qualitätssiegel.

3 Eine erste Untersuchung dieses Zusammenhangs vom Massenprodukt als Luxusgut lieferte Christa Pieske für die Deutsche Luxuspapierindustrie um die Jahrhundertwende. Vgl. Christa Pieske: Das ABC des Luxuspapiers. Herstellung, Verarbeitung und Gebrauch 1860 bis 1930, Berlin 1984.

4 Vgl. Anton Meyer und J. Hugh Davidson: Offenes Marketing. Gewinnen mit POISE: Märkte gestalten – Potenziale nutzen, Freiburg u. a. 2001, S. 105–106.

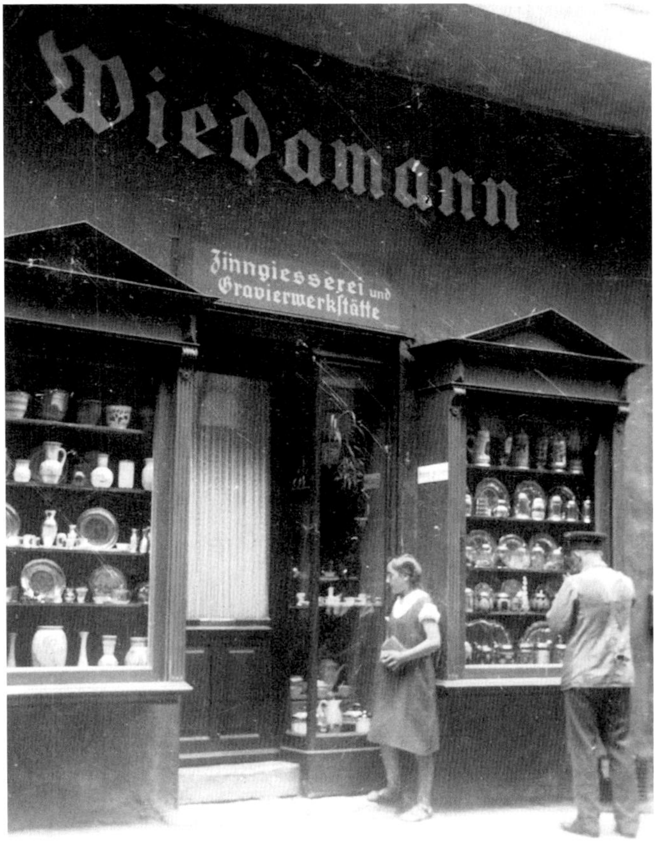

Abb. 24 Zinngießerei Wiedamann ▪ Ladenfront vor 1933 ▪ Archiv Familie Wiedamann

Fenster in die Wirtschaftsgeschichte Regensburgs, aus der die Zinngießerei Wiedamann in einer Zeit, als 1845 der Ludwig-Donau-Main-Kanal fertiggestellt, 1859 die Eisenbahn in die Stadt kam und 1910 der neue »Luitpoldhafen« in Betrieb genommen wurde,[5] nicht wegzudenken ist. Neben einem eigenen Verkaufsladen (Abb. 24), der wohl als eine der ältesten Verkaufsstrategien überhaupt genannt werden kann, sowie die die Handelsrouten befahrenden Warenhändler, zählen zu den ersten Beispielen für eine akquisitorische Distributionsstrategie im Bereich Marketing die als Verkaufskataloge publizierten Musterbücher, in denen die Verbindung von Produktvielfalt und Exklusivität deutlich als Werbe- der Verkaufsstrategie mit Kundenorientierung zum Tragen kommt.

5 Vgl. Matthias Freitag: Kleine Regensburger Stadtgeschichte, 3. aktualisierte Auflage, Regensburg 2007, S. 136.

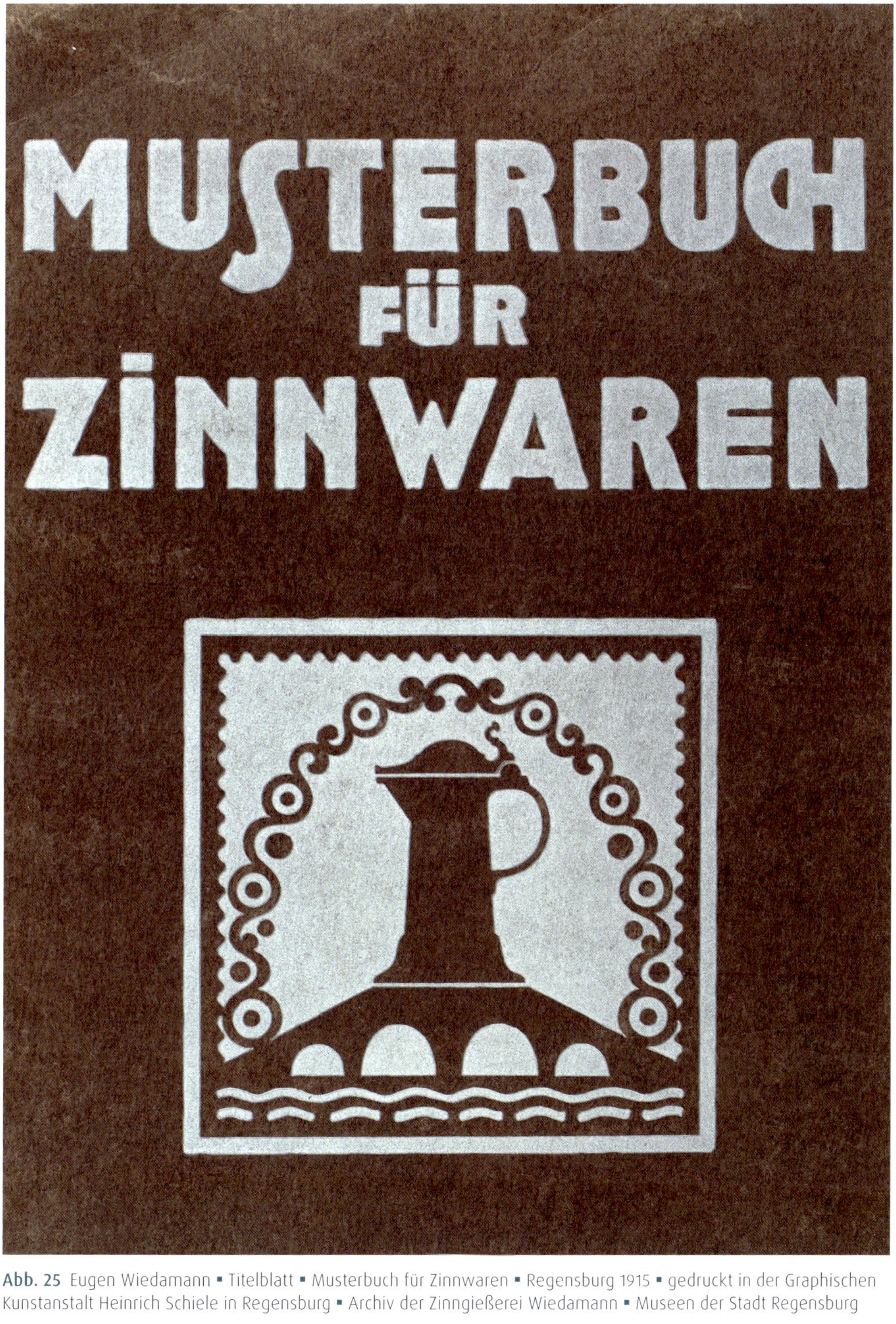

Abb. 25 Eugen Wiedamann ▪ Titelblatt ▪ Musterbuch für Zinnwaren ▪ Regensburg 1915 ▪ gedruckt in der Graphischen Kunstanstalt Heinrich Schiele in Regensburg ▪ Archiv der Zinngießerei Wiedamann ▪ Museen der Stadt Regensburg

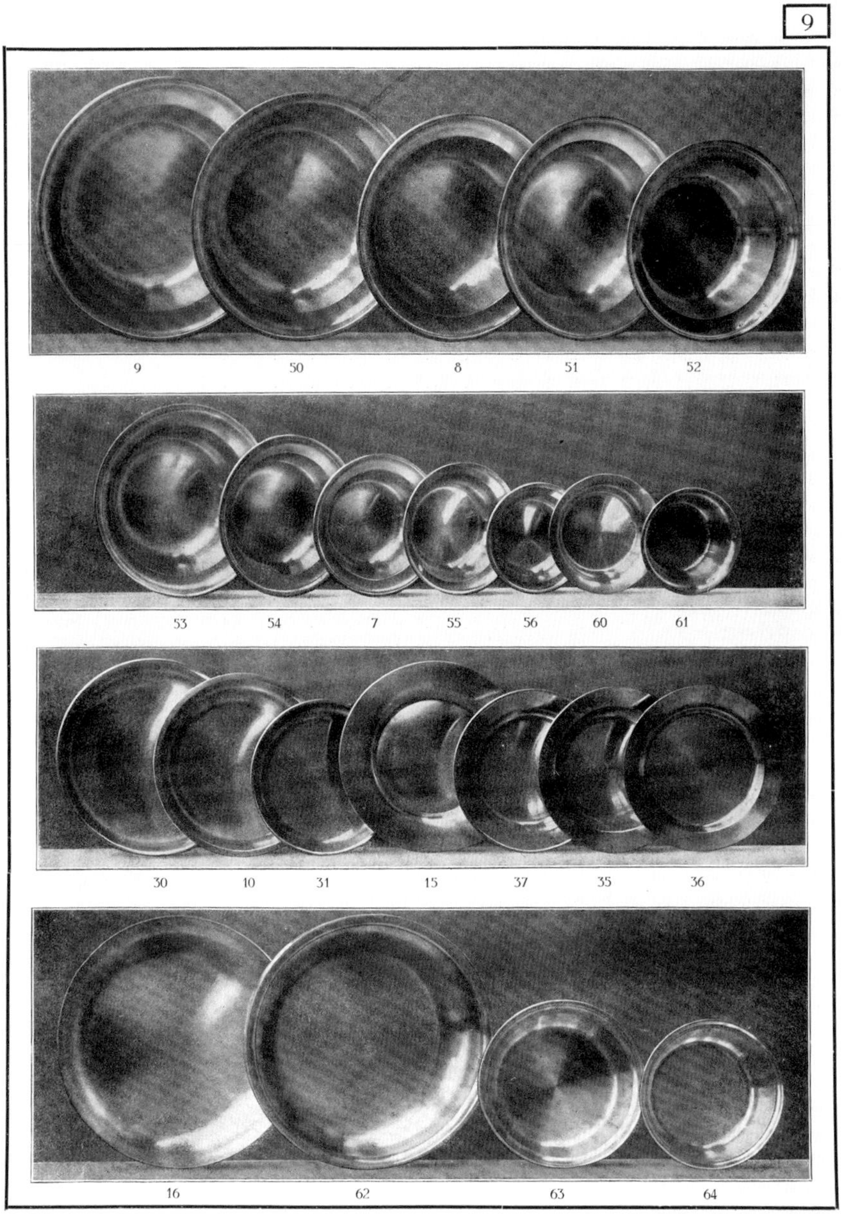

Abb. 26 Eugen Wiedamann ▪ Musterbuch für Zinnwaren ▪ Regensburg 1915 – S. 9 ▪ gedruckt in der Graphischen Kunstanstalt Heinrich Schiele in Regensburg ▪ Archiv der Zinngießerei Wiedamann ▪ Museen der Stadt Regensburg

9

Nr.		Durchm. m/m	Höhe m/m	Inhalt Liter
9	**Schüssel,** gewöhnl. tiefe Form	372	80	3,5
50	„ , „ „ „	350	90	4
8	„ , „ „ „	324	80	2,5
51	„ , „ „ „	320	85	3
52	„ , „ „ „	287	80	2
53	**Schüssel,** gewöhnl. tiefe Form	275	75	1,5
54	„ , „ „ „	230	60	1
7	„ , „ „ „	200	60	0,75
55	„ , „ „ „	190	50	0,5
56	„ , „ „ „	160	40	0,25
60	„ mit ausgelegtem Rand	170	35	0,5
61	„ „ „ „	155	50	0,5
30	**Schale**	280	30	1,25
10	„	258	35	
31	**Speiseteller,** tief für Anstalten	220	28	
15	**Teller** mit gewölbtem Boden und gewölbtem Rand	273	20	
37	**Speiseteller** mit flachem Rand, flach	230	31	
35	„ „ „ „ , tief	235	34	
36	„ „ „ „ , flach	235	25	
16	**Schale**	345	55	
62	**Waschbecken**	345	85	6
63	„	230	75	2
64	„	205	60	1,25

Abb. 27 Eugen Wiedamann ▪ Musterbuch für Zinnwaren ▪ Regensburg 1915 – S. 9 ▪ gedruckt in der Graphischen Kunstanstalt Heinrich Schiele in Regensburg ▪ Archiv der Zinngießerei Wiedamann ▪ Museen der Stadt Regensburg

PRODUKTVIELFALT ALS VERKAUFSSTRATEGIE

Durch die regelmäßige Herausgabe von Musterbüchern wendet sich die Zinngießerei Wiedamann durch die Wahl des Erscheinungsbildes dieser Musterbücher[6] mit hoher Wahrscheinlichkeit in erster Linie an den Zwischenhandel und nicht zwangsläufig an den Endverbraucher.[7] Ein Musterbuch, in Kombination mit einem Warenvertriebs- und Warenverkaufssystem, wird seitens der Firma im Eigenversand oder auf An- bzw. Nachfrage dem Groß- wie Einzelhandel zur Verfügung gestellt.[8] Das Erscheinungsbild der Kataloge erfährt, dem jeweiligen Zeitgeschmack angepasst, größere bis kleinere Veränderungen in Layout und Inhalt. Nennt der Titel von 1899 in einem geometrischen aus Quadraten und Rechtecken zusammengesetzten Rahmen Firmenname und Firmensitz sowie den Hinweis auf die Produktabbildungen, zeigt das Musterbuch von 1915 unter dem Titel »Musterbuch für Zinnwaren« das quadratisch gerahmte Logo der Zinngießerei (Abb. 25). Auf die Nennung des Firmennamens und Firmensitzes wird verzichtet.[9] Bezeichnend für das moderne Erscheinungsbild der Musterbücher sind die Typografie der Druckwerke und die Verwendung einer sich der Antiqua-Familie annähernden Serifenschrift. Die als Warengruppen geordneten Erzeugnisse werden durch die Anwendung eines fotografischen Reproduktionsverfahrens[10] auf einem dunklen Fond, der die Materialästhetik des Zinns in seinem Silberglanz hervorhebt, abgebildet (Abb. 26). Jedes Produkt ist mit einer Listennummer versehen, der in der gegenüberliegenden Warenliste die genaue Bezeichnung des Produkts, dessen Größe und dessen Fassungsvermögen zugeordnet wird (Abb. 27). Die Preisliste wird gesondert zum Musterbuch geliefert oder kann auch einzeln angefordert werden. Bildet das Musterbuch von 1899 eine reine Zusammenschau der Produktpalette ab, so ist das Musterbuch von 1915 bereits um eine qualitative Produktbeschreibung als Verbraucherinformation vor dem Abbildungsteil erweitert. Hierin formuliert die Firma ihre Qualitätsstandards, die sich auf das gesamte Angebot beziehen. Grundsätzlich steht dabei das Material »Zinn« mit seiner Verwendung im Herstellungsprozess und seiner Nutzung durch den Verbraucher im Vordergrund. Die Qualität des Metalls und seine Verarbeitung, die im untrennbaren Zusammenhang mit dem gefertigten Werkstück steht, garantieren den Endverbrauchern eine leichte und sichere Handhabung des Produkts.[11]

6 Die Untersuchung bezieht sich auf die Musterbücher von 1899, 1915 und 1929.

7 Der Hinweis »Das Musterbuch bleibt unser Eigentum« im Musterbuch von 1929 legt diese Vermutung nahe, da es durchaus üblich war, die eigenen Werbemittel dem Handel nur als Leihgabe zur Verfügung zu stellen.

8 Vgl. Eugen Wiedamann: Verkaufsbedingungen, Regensburg 1900, S. (2–3), Archiv der Zinngießerei Wiedamann, Museen der Stadt Regensburg.

9 Die Titelblätter der Musterbücher dürften mit eigenen Klischees im Hochdruckverfahren separat von den Katalogseiten angefertigt worden sein.

10 Die Autotypie wurde 1868 als Lichtdruckverfahren von Joseph Albert entwickelt und in Deutschland erstmals 1883 für die Reproduktion von Fotografien im Leipziger Wochenblatt als gerastertes Foto angewandt. Vgl. Walter Koschatzky: Die Kunst der Graphik. Technik, Geschichte, Meisterwerke, 13. Auflage, München 1999, S. 102; Ernst Rebel: Druckgrafik. Geschichte und Fachbegriffe, 2. durchgesehene und aktualisierte Auflage, Stuttgart 2009, S. 160–162.

11 Bezugnehmend auf das deutsche Zink-Blei-Gesetz für Zinnwaren von 1887.

»Sämtliche Zinnwaren werden dem Zweck entsprechend ordentlich und von gutem Zinn gefertigt, so daß sie leicht und silberhell zu putzen und besonders auch die sogenannten Zierstücke ohne Gefahr für die Gesundheit zum Gebrauch verwendet werden können.«[12]

Durch einen hohen Fertigungsstandard in den eignen Werkstätten bietet Eugen Wiedamann ein vielfältig einsetzbares Produkt, dass höchsten Anforderungen im Gebrauch als Alltagsgegenstand genügt sowie als exklusives Zierobjekt Verwendung finden kann. Für den Qualitätserhalt des Produktes nennt die Produktbeschreibung zwei Pflegeanleitungen mit einer Lauge aus Zinnkraut[13] oder mit Zinnsand, die durchaus als Gebrauchsanweisung gelesen werden können. Zusätzlich zum Angebot verweist die Firma auf die Möglichkeit von Sonderanfertigungen und Zusatzleistungen, wie Gravierungen oder Treibarbeiten, sowie auf einen Reparaturservice für beschädigte Zinnwaren. Vierzehn Jahre später wurde die Produktinformation im Musterbuch von 1929 deutlich erweitert und verändert. Das Ausgangsmaterial wird enger mit dem hygienischen Standard einer leichten Reinigung für Alltagsgeschirr verknüpft. Neben den gängigen Reinigungsmitteln »Zinnkraut« und »Zinnsand« werden nun auch verschiedene Metallputzmittel genannt. Die Zusatzleistung der Sonderanfertigung wird um eine fachmännische Begleitung des Entwurfsprozesses erweitert und der Service um die Möglichkeit des »Umgießens von altem Zinn bei billiger Berechnung«[14] ergänzt.

Durch die Herausgabe von Musterbüchern entscheiden sich die Kunstwerkstätten Wiedamann für ein indirektes Vertriebssystem, das in seiner horizontalen Ausrichtung weitere Vertriebssysteme im Sinne der akquisitorischen Distribution auch vertikale und damit direkte Verkaufsstrategien zulässt.[15] Die Musterbücher eröffnen die Möglichkeit, das Angebot über Zwischenhändler oder Verkaufsniederlassungen sowie dem Einzelhandel dem Endverbraucher nahezulegen, oder durch Direktversand die Produktvielfalt mit dem Kunden zu kommunizieren. Die Musterbücher bieten durch ihre Gestaltung als Verbraucherinformation und Warenkatalog ein vielseitiges Marketinginstrument, das in seiner Kundenorientierung und einfachen Handhabung einen hohen Identifikationsfaktor mit der Angebotsvielfalt der Zinngießerei Wiedamann ermöglicht und im Rahmen von Marktveranstaltungen, wie Messen und Ausstellungen, Warenbörsen und Auktionen, flexibel eingesetzt werden kann.[16] Neben der Darstellung und Verbreitung des Warenangebots in seiner Vielfalt wendet die Regensburger Firma eine weitere Verkaufsstrategie an, die einzelne Warengruppen oder Objekte des Sortiments dem potentiellen Käufer als exklusives Zinngerät anbietet.

12 Eugen Wiedamann: Musterbuch für Zinnwaren, Regensburg 1915, S. (3), gedruckt in der Graphischen Kunstanstalt Heinrich Schiele in Regensburg, Archiv der Zinngießerei Wiedamann, Museen der Stadt Regensburg.

13 Aufgrund der Verwendung des Acker-Schachtelhalms und seiner Kieselsäurekristalle für die Reinigung von Zinnwaren schrieb der Volksmund der Pflanze die Bezeichnung »Zinnkraut« zu.

14 Eugen Wiedamann: Musterbuch für Zinnwaren, Regensburg 1929, S. (3), Archiv der Zinngießerei Wiedamann, Museen der Stadt Regensburg.

15 Vgl. Jürgen Pesch: Marketing, Konstanz 2005, S. 222–224.

16 Vgl. ebd.

EXKLUSIVITÄT ALS MARKETINGSTRATEGIE

Neben den Musterbüchern, die die Qualität des Materials Zinn und dessen mögliche Produktvielfalt mit der Alltagstauglichkeit des einzelnen Produkts als Verbraucherinformation zusammenführen, verfolgt die Platzierung von Wiedamann-Erzeugnissen in Magazinen und Berufsfachzeitschriften die Kontextualisierung einzelner Werkstücke als Luxusgut, das beim Käufer einen emotionalen Mehrwert evozieren soll. Diese Form der Produktpräsentation zielt auf eine Identifikation des Kunden mit dem Produkt in dessen Vorstellungswelt ab. Funktionalität und Ästhetik des Gegenstandes sind in der Gestaltung der Präsentation untrennbar aufeinander bezogen.[17] Dieser Gestaltungsgrundsatz der Produktwerbung, der sich im Zusammenspiel von Bild und Text sowie dem Gebrauch von Logo, Firmennamen und Symbolen zeigt, lässt sich für die Firma Wiedamann anhand folgender Beispiele nachweisen. In der Zeitschrift »Der neue Lebensstil. Monatshefte für zeitgemäße Lebenshaltung« (Jahrgang 1930/31) erscheint als redaktioneller Beitrag der Artikel »Das Zinn im Haushalt unserer Zeit«, der ausschließlich mit Produkten der Firma Wiedamann illustriert ist. Der Beitrag stellt die Bedeutung des Zinns als Bereicherung des Daseinsgenusses hervor. Der anonyme Autor bestimmt die kunstvoll und angemessen gestalteten Zinnobjekte als Einrichtungs- und Gebrauchsgegenstände, deren Design jede innenarchitektonische Wohnraumgestaltung zur Vollendung führt.

»In klarer Erkenntnis der praktisch gebotenen Verwendungsgrenzen des Zinns beschränken sich diese guten Werkstätten auf Geräte, die in keinem anderen Material besser oder zweckentsprechender hergestellt werden können. Gerade durch diese zielbewußte Beschränkung aber entstehen Leistungen von überragender Schönheit, die uns die eigenartigen Reize dieses ehrlichen Materials überzeugend nahebringen. [...] Die Wohnung unserer Zeit ist deshalb wohl für die Folge ohne Zinngeräte solcher Art nicht mehr denkbar, zahlreiche der sorgfältig abgewogenen Raumstimmungen ohne Zinn überhaupt nicht vollendet zu erreichen.«[18]

Diese ästhetische Funktion der Zinngeräte wird anhand von mehreren Produktbeispielen bildlich unterstützt. Die Produkte sind auf jedem Bild zu kleinen Ensembles oder Produktgruppen zusammengestellt, die ihre Wertigkeit als Einzelstück beibehalten und ihre Kombinationsmöglichkeit unterstreichen. Dem Betrachter wird durch die Text-Bild-Kongruenz die Vielzahl von Verwendungsmöglichkeiten anempfohlen und gleichzeitig vor Augen geführt, dass sich erst durch die Zusammenstellung einzelner Objekte zu einem Ensemble der vom Autor beschriebene Grad einer vollendeten Gestaltungsästhetik eines Wohnraums erreichen lässt. Alle Objekte stammen, so die dazugehörigen Bildunterschrif-

17 Vgl. Wolfgang Neiser: Nicht nur für den Augenblick! Funktionalität und Ästhetik einer allgegenwärtigen Gebrauchsgrafik, in: Ders. (Hg): Luxuspapier, Buntpapier und Ephemera. Die Sammlung Helmut und Dr. Juliane Färber im Historischen Museum der Stadt Regensburg, Regensburg 2014, S. 11–16, hier S. 15.

18 Das Zinn im Haushalt unserer Zeit, in: Der neue Lebensstil. Monatshefte für zeitgemäße Lebenshaltung, Jahrgang 1930/31, S. 247–248.

ten, aus der Produktpalette der kunstgewerblichen Werkstätten von Eugen Wiedamann. Durch diese Zuschreibung gehört die Regensburger Zinngießerei zu den im Artikel genannten »guten« Werkstätten, die in der Lage sind, dem zeitgemäßen Anspruch vollendeter »Raumstimmungen« durch herausragende Qualität ihrer Produkte zu entsprechen. Die gleiche Strategie der Kundenbindung durch exklusive Qualität verfolgt die Platzierung der Firmenanzeige mit Logo und Firmenanschrift in der gleichen Zeitschrift auf der Seite der Fabrikmarken.[19] Die Zusammenschau der im Heft berücksichtigten Firmen legt dem Leser eine Berücksichtigung bei eventuellen Produktkäufen unter der Überschrift »Sichtbare Zeichen der Qualität. Die zuverlässigste Garantie für gute Ware ist die Fabrikmarke« mit den Worten nahe: »Nur jene Firmen, welche bewußt das Beste bieten, treten mit ihrem eingetragenen Handelszeichen rückhaltlos für ihre Erzeugnisse ein. Es liegt also im Interesse des Käufers, immer darauf zu achten.«[20] In der Gestaltung der Wort-Bild-Marke hat die Zinngießerei im Vergleich zu den Musterbüchern von 1915 und 1929 das Logo entscheidend verändert. Das Motiv mit Brücke und Krug erscheint nun holzschnittartig in einem einfachen quadratischen Rahmen. Die Bögen der Brücke sind unregelmäßig ausgearbeitet und die Form des Kruges ist im Profil geglättet. Im Bildfeld treten Ornament und Zierrahmen nicht mehr in Erscheinung.

Im gleichen Zeitraum bespricht ein Beitrag von H. Herwalt über Reiseandenken in der Zeitschrift des Bundes deutscher Kunstgewerbehäuser eGmbH, Sommerheft 1931, die ästhetische Gestaltung der Zinngeräte aus dem Hause Wiedamann.[21] Dem Text beigeordnet sind zwei Abbildungen, deren Gestaltung die gleichen Prinzipien wie der Beitrag in »Der neue Lebensstil« aufweisen. Text und Bild heben, unter dem Vorzeichen geeignete Reiseandenken zu finden, sie geschmackvoll auszuwählen und zu erwerben, die Kostbarkeit und das ästhetische Empfinden als ausschlaggebende Kriterien hervor. Auf der Rückseite des Hefts ist die Firmenanzeige Wiedamanns platziert, die abweichend von der Firmenmarke einen eigenen Werbetext, der die Bandbreite der gegossenen Zinnwaren für die unterschiedlichsten Anwendungen betont, enthält.

An die Materialästhetik des Zinns, die in den beiden vorangegangen Beispielen als Produktexklusivität für die Verwendung von Zinn als Alltags- und Designobjekt in Bezug auf eine Verkaufsstrategie in den Vordergrund getreten ist, knüpft man zu Beginn der 60er Jahre des 20. Jahrhunderts in Rückerinnerung an die Reformbewegungen der Jahrhundertwende sowie deren Fortführung in den 20er und 30er Jahren wieder an.[22] Ausschlaggebend hierfür ist die Überzeugung, dass »der Gegenstand nicht ohne praktische und ästhetische Funktionen entworfen werden kann und für einen Nutzer oder Käufer handhabbar werden kann. Durch die Haltung und Handhabung des Nutzers wird der Gegenstand zum

19 Der neue Lebensstil. Monatshefte für zeitgemäße Lebenshaltung, Jahrgang 1930/31, S. 256.

20 Ebd.

21 Vgl. Der Überblick. Zeitschrift des Bundes Deutscher Kunstgewerbehäuser eGmbH, Sommerheft 1931, Offenbach a.M./Darmstadt 1931, S. 10–12.

22 Prägend hierfür waren die Positionen von Otl Aicher und Max Bill, die 1953 die Hochschule für Gestaltung in Ulm ins Leben riefen und in den Arbeiten von Gui Bonsiepe weitergeführt wurden.

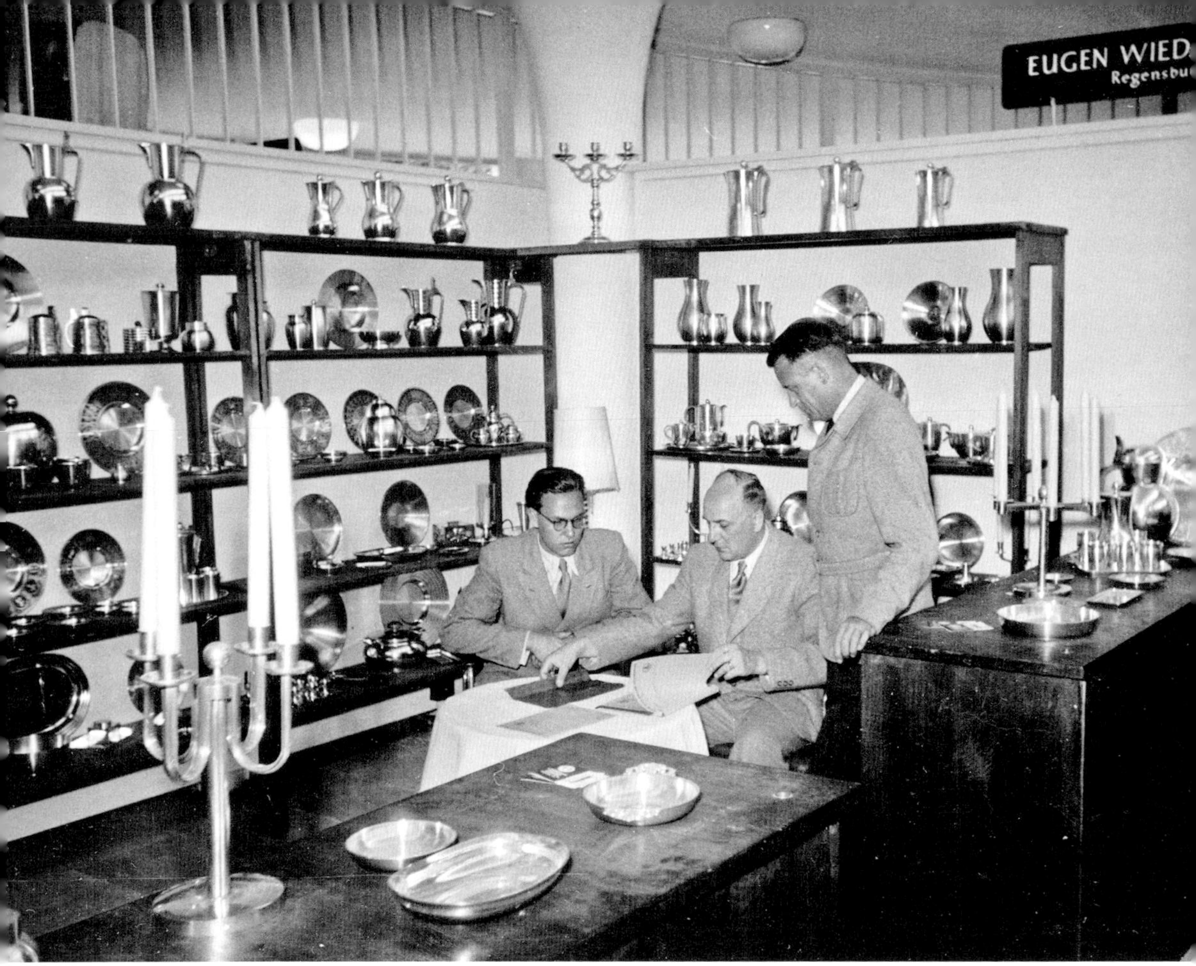

Abb. 28 Messestand auf der Frankfurter Herbstmesse 1951 ▪ Archiv Familie Wiedamann

repräsentativen Symbol eines mit dem Produkt verbundenen Lebensstils oder zu einer Lebensauffassung, die bereits beim Kauf eine entscheidende Rolle spielen.«[23] Die Zinngerätschaften der Firma Wiedamann werden in ihrer Formschönheit als innenarchitektonische Ausstattungsgegenstände, wie es sich in einem Beitrag in der Zeitschrift »Die Kunst und das schöne Heim«[24] aus dem Jahr 1960 zeigt, neu entdeckt.

»Schon vor dem ersten Weltkrieg, in einer reformerischen Bewegung, die das ganze Hausgerät einbezog, hatte Wolfgang v. Wersin neue, teilweise noch heute gültige Zinnformen für das Gebrauchsgerät entworfen. Er hat sich auch in späteren Jahren immer wieder des Zinns angenommen und insbesondere für die bekannte Zinngießerei Wiedamann in Regensburg viele ausgezeichnete Modelle geschaffen und den jungen Wiedamann zu eigenen Entwürfen angeregt. So entstanden hier und in einigen anderen deutschen Werk-

23 Neiser: Augenblick (vgl. Anm. 17), S. 16.
24 Herbert Hofmann: Neues Deutsches Zinn, in: Die Kunst und das schöne Heim 58 (1960), Heft 5, S. 194–195.

stätten (Schreiners Söhne, Röders u. a.) Ende der 20er und Anfang der 30er Jahre ‚moderne' Formen von Jahrzehnte überdauernder Aktualität.«[25]

Der Beitrag ist mit drei Beispielen aus der Entwurfs- und Fertigungstradition der Zinngießerei Wiedamann illustriert. In Anlehnung an die Gestaltungsentwürfe für Zinn durch Wolfgang von Wersin präsentiert der Artikel ein dreiteiliges Kannenensemble sowie eine Zuckerdose, einen Salz- und Pfefferbehälter wie auch eine Teekanne und einen Sahnegießer. Im Unterschied zur bildlichen Anordnung der 30er Jahre steht das Objekt als Einzelstück im Vordergrund. Die Ästhetik und die damit verbundene Wertigkeit leiten sich für den Betrachter bzw. potenziellen Käufer aus der Gestaltung der Form und der Funktion des Gegenstands ab.

Mit der Betonung der Exklusivität des Produkts setzt die Firma Wiedamann im Gegensatz zum Musterbuch verstärkt auf den direkten Warenvertrieb. In den Zeitschriftenbeiträgen werden die Kennzeichen dieser Distributionsentscheidung indirekt, sozusagen zwischen den Zeilen genannt. »Der Hersteller garantiert eine hohe Beratungsqualität, die in der Betonung der Exklusivität als Identifikationsfaktor mit dem Produkt eine bedeutende Rolle spielt. Der Hersteller kann eine selektive Zielgruppenansprache mit geringen Streuverlusten sicherstellen. Durch die Unabhängigkeit vom Handel hat der Hersteller große Freiräume in der Preisgestaltung und bessere Möglichkeiten der Pflege von Firmenname und Herstellermarken.«[26]

Die stichpunktartige Untersuchung der Verkaufsstrategie und der damit verbundenen Marketingstrategie der akquisitorischen Distribution der Produktpalette der Firma Wiedamann ist einerseits der Unvollständigkeit der Firmen- und Geschäftsunterlagen aus den Anfänge der Firma als historische Quellen sowie den kaum zu rekonstruierenden Vertriebswegen der Regensburger Zinngießerei geschuldet. Jedoch machen die erhaltenen Beispiele deutlich, dass sich die Firma Wiedamann der Beantwortung der Frage »Was nützt das beste Produkt, wenn es keiner kennt?« aufgeschlossen, innovativ und marktgerecht über Jahrzehnte hinweg stellte und durch Musterbücher, Anzeigenschaltung und Marktveranstaltungen (Abb. 28) zeitgemäße Antworten formuliert hat.

25 Ebd., S. 195

26 Pesch: Marketing (vgl. Anm. 15), S. 224.

KATALOG

ABBILDUNGEN VON
DIVERSEM GEBRAUCHSGERÄT
AUS DEN MUSTERBÜCHERN
DER FIRMA WIEDAMANN

1915ER BIS 1960ER JAHRE,
FOTOGLASPLATTEN,
ARCHIV FAMILIE WIEDAMANN

REPRO: PETER FERSTL

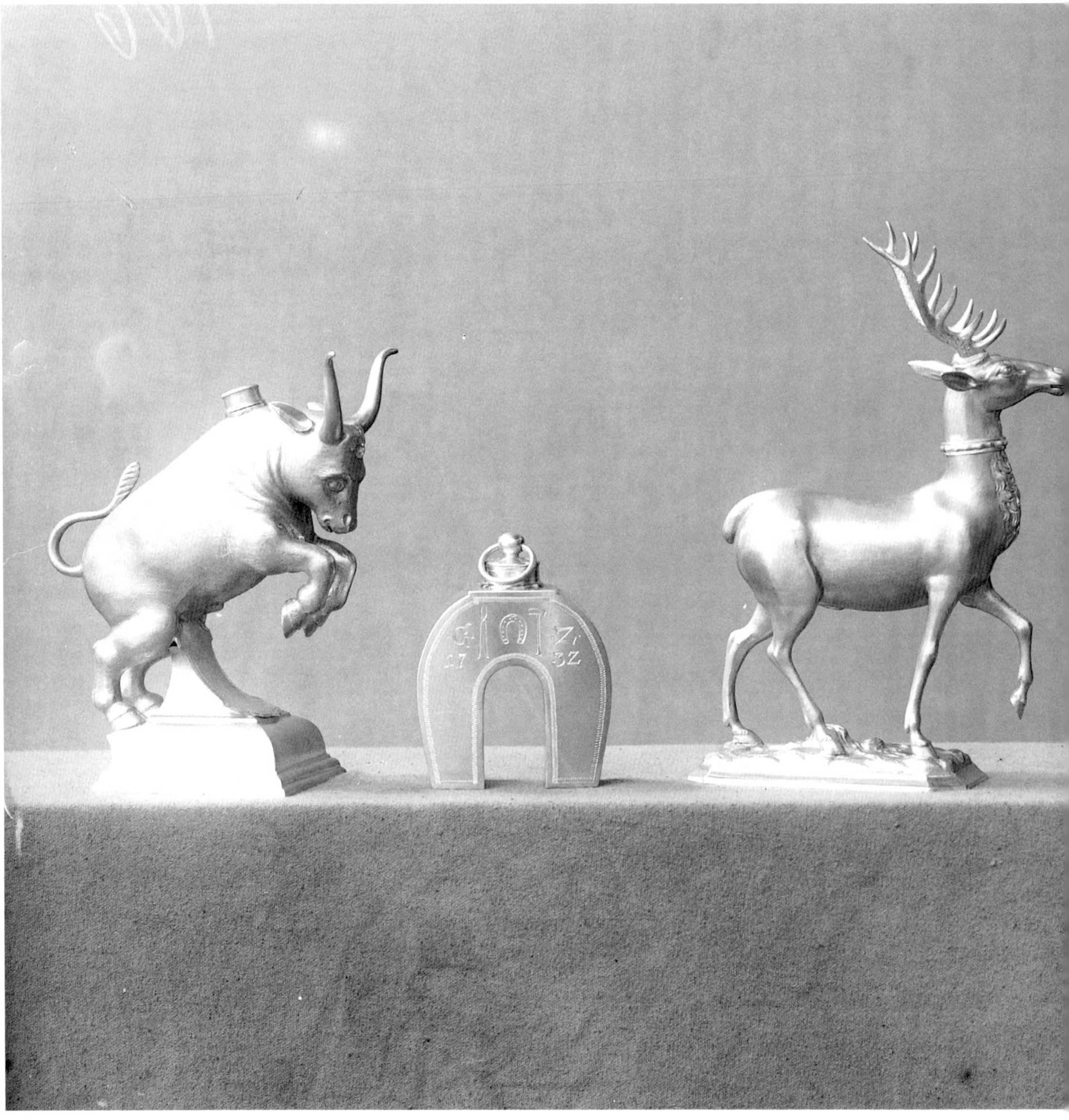

Von links nach rechts:
Zunftgefäß Ochse, Modellnr. 796, H. 18 cm, B. 26 cm
Zunftgefäß Hufeisen, Modellnr. 797, H. 12 cm, B. 16 cm
Tafelschmuck Hirsch, Modellnr. 798, H. 20 cm, B. 35 cm
Zunftschild, Modellnr. 799, H. 32 cm, B. 26 cm

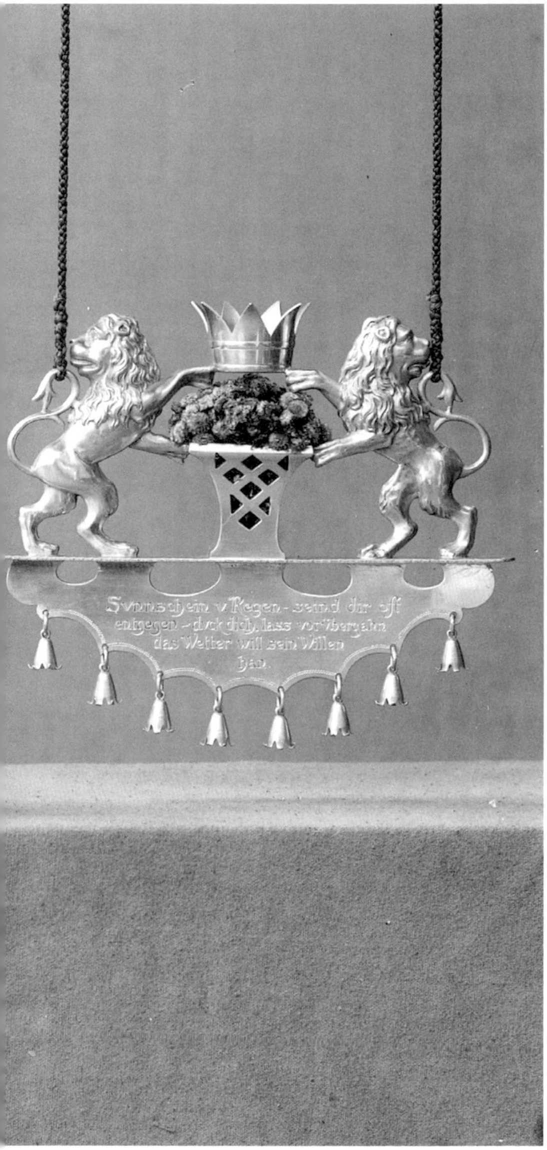

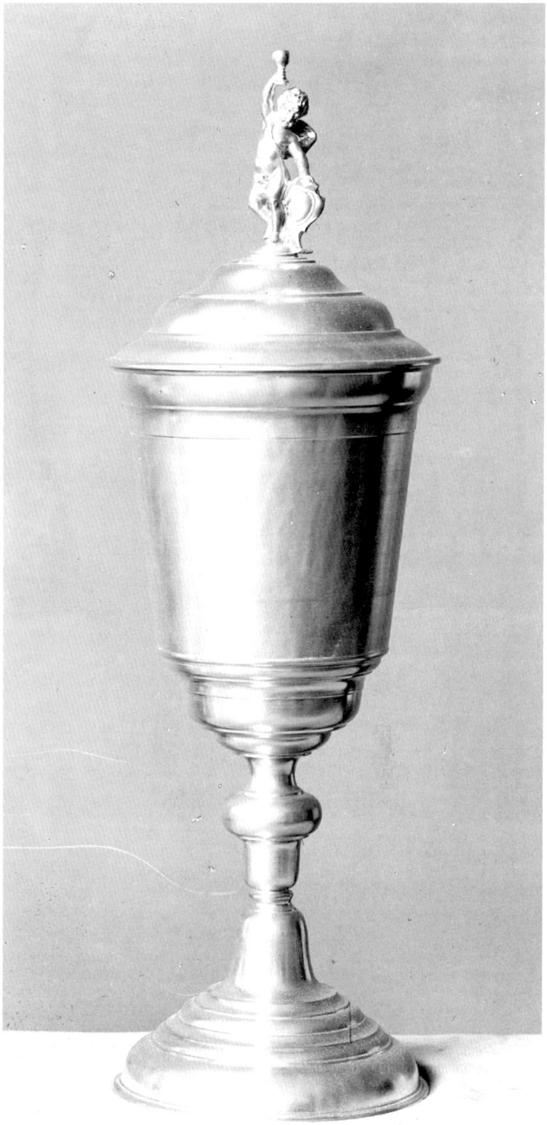

Modellnr. 1537, H. 51 cm, 1,95 l

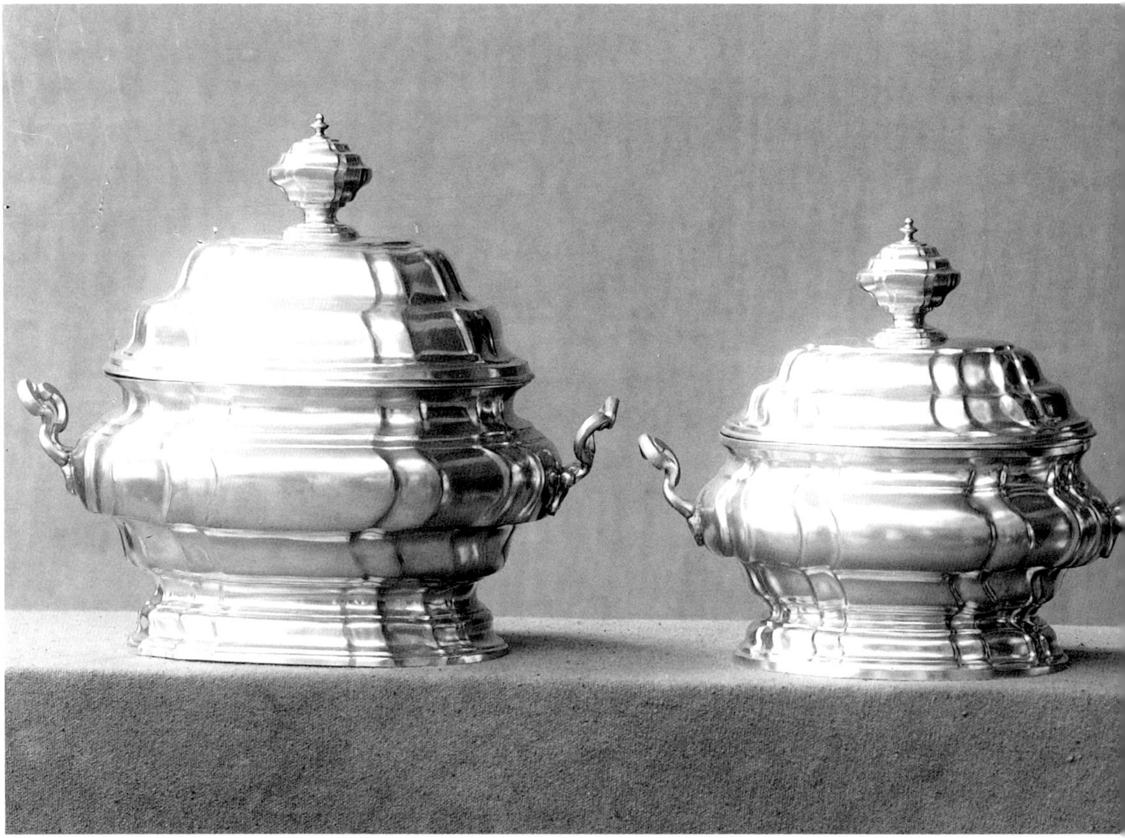

Von links nach rechts:
Modellnr. 1057, L. 33,5 cm, B. 22 cm, H. 30 cm, 4 l
Modellnr. 1058, L. 29,5 cm, B. 18,5 cm, H. 25 cm, 2 l
Modellnr. 1053, L. 20,5 cm, B. 18 cm, H. 20,5 cm, 1,75 l
Modellnr. 218, L. 19 cm, B. 16 cm, H. 11 cm, 0,5 l

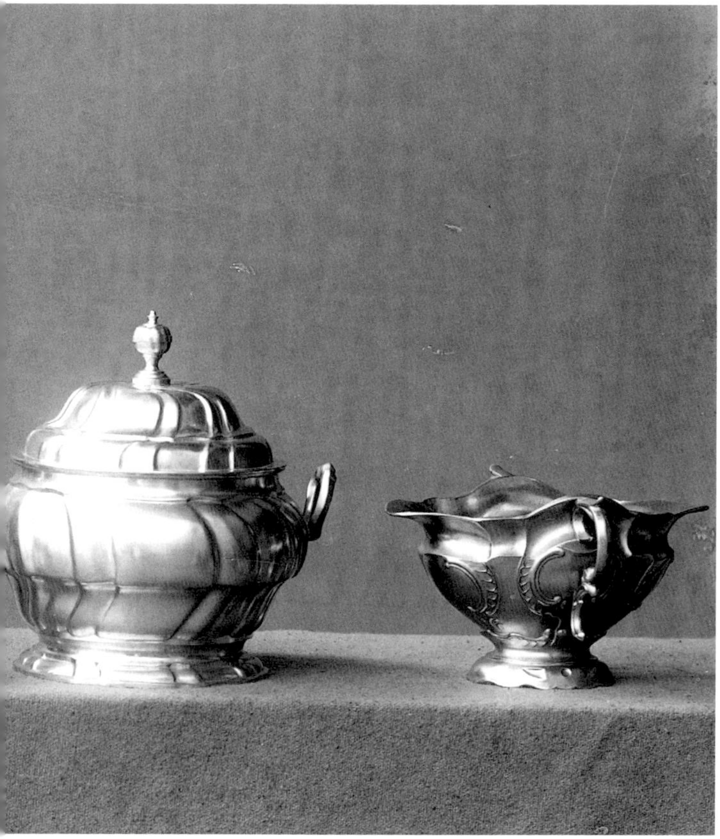

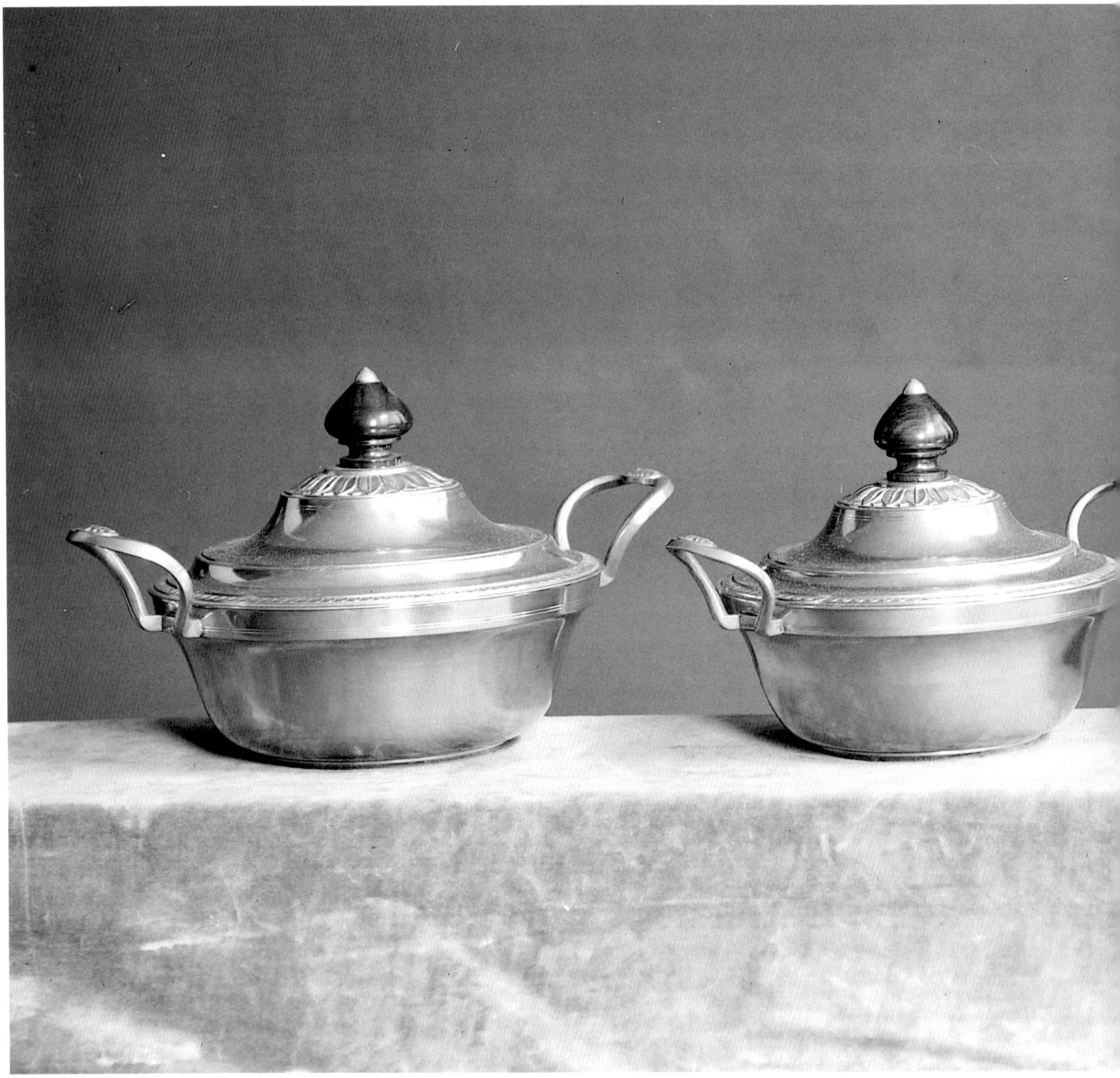

Von links nach rechts:
Modellnr. 85, L. 17,5 cm, B. 12,8 cm, H. 12 cm, 0,4 l
Modellnr. 84, L. 22,5 cm, B. 15,5 cm, H. 15 cm, 0,75 l
Modellnr. 83, L. 26,5 cm, B. 17,5 cm, H. 17 cm, 1,25 l
Modellnr. 82, L. 29 cm, B. 20,3 cm, 2 l
Modellnr. 81, L. 31 cm, B. 21,3 cm, H. 19,5 cm, 1,75 l
Modellnr. 80, L. 35 cm, B. 25 cm, H. 21 cm, 3 l

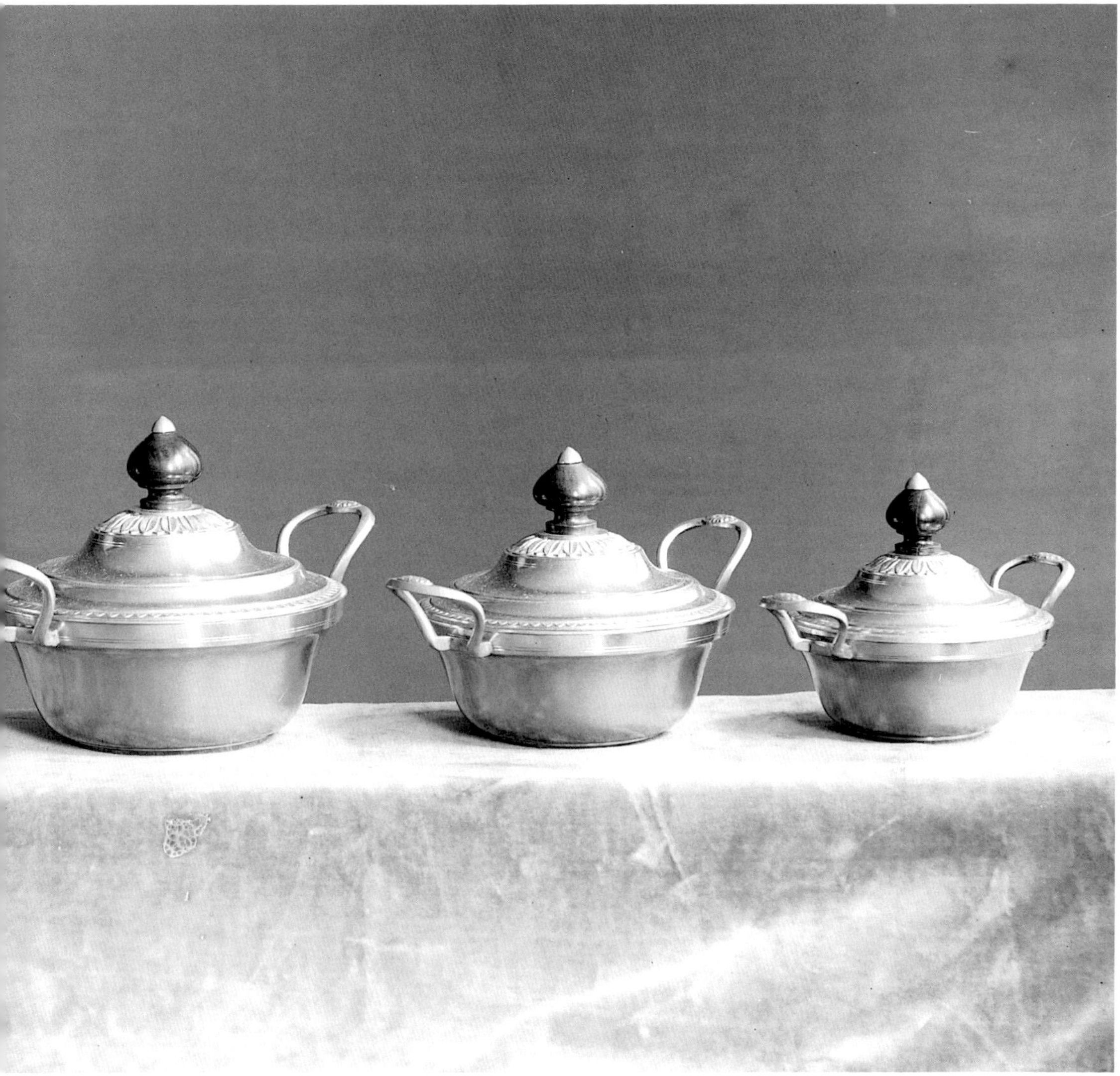

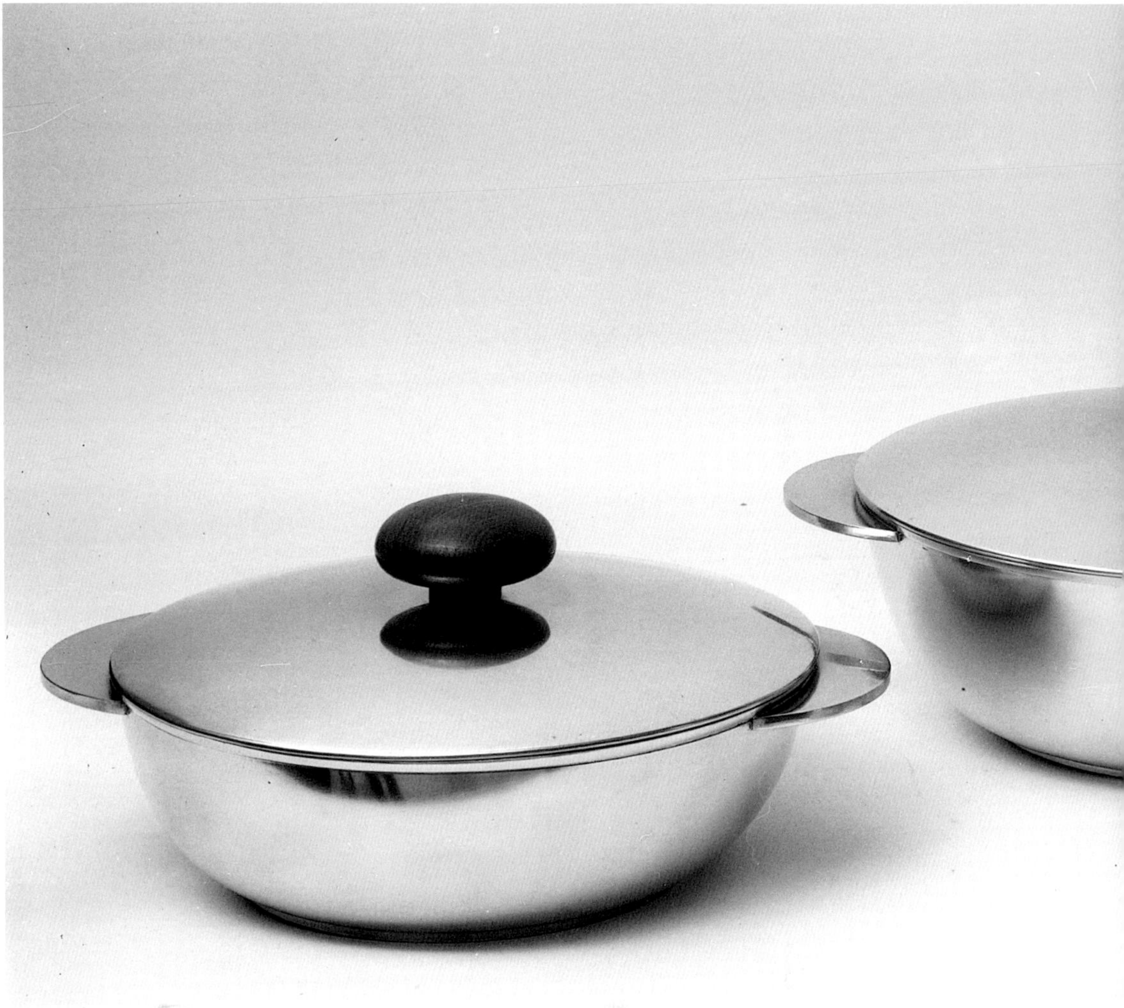

Von links nach rechts:
Modellnr. 1944, Dm. 18 cm, 0,75 l
Modellnr. 1942, Dm. 20,5 cm, 1,25 l
Modellnr. 1941, Dm. 22 cm, 1,8 l
Vorne: Modellnr. 1946, Dm. 14 cm, 0,4 l

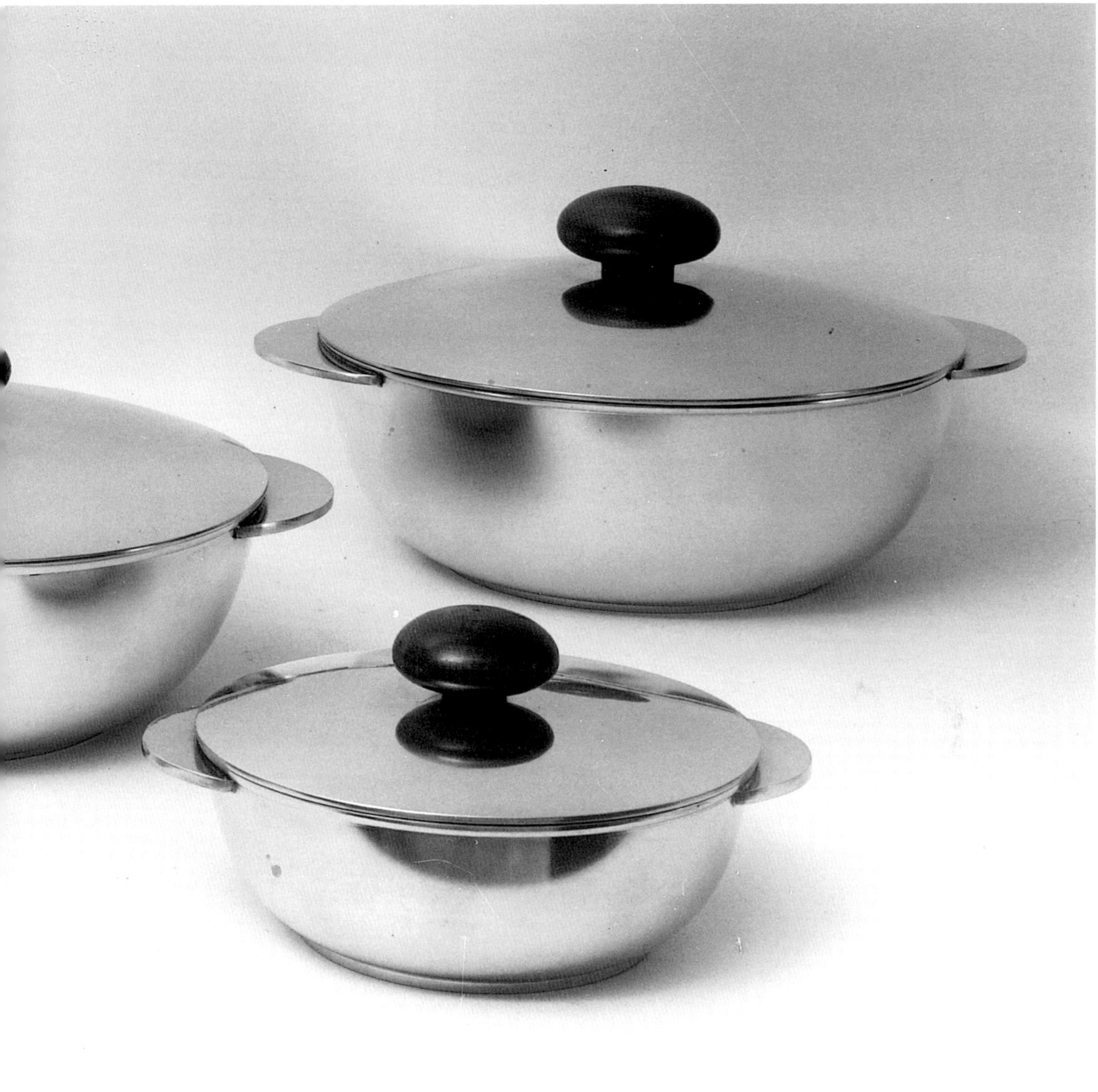

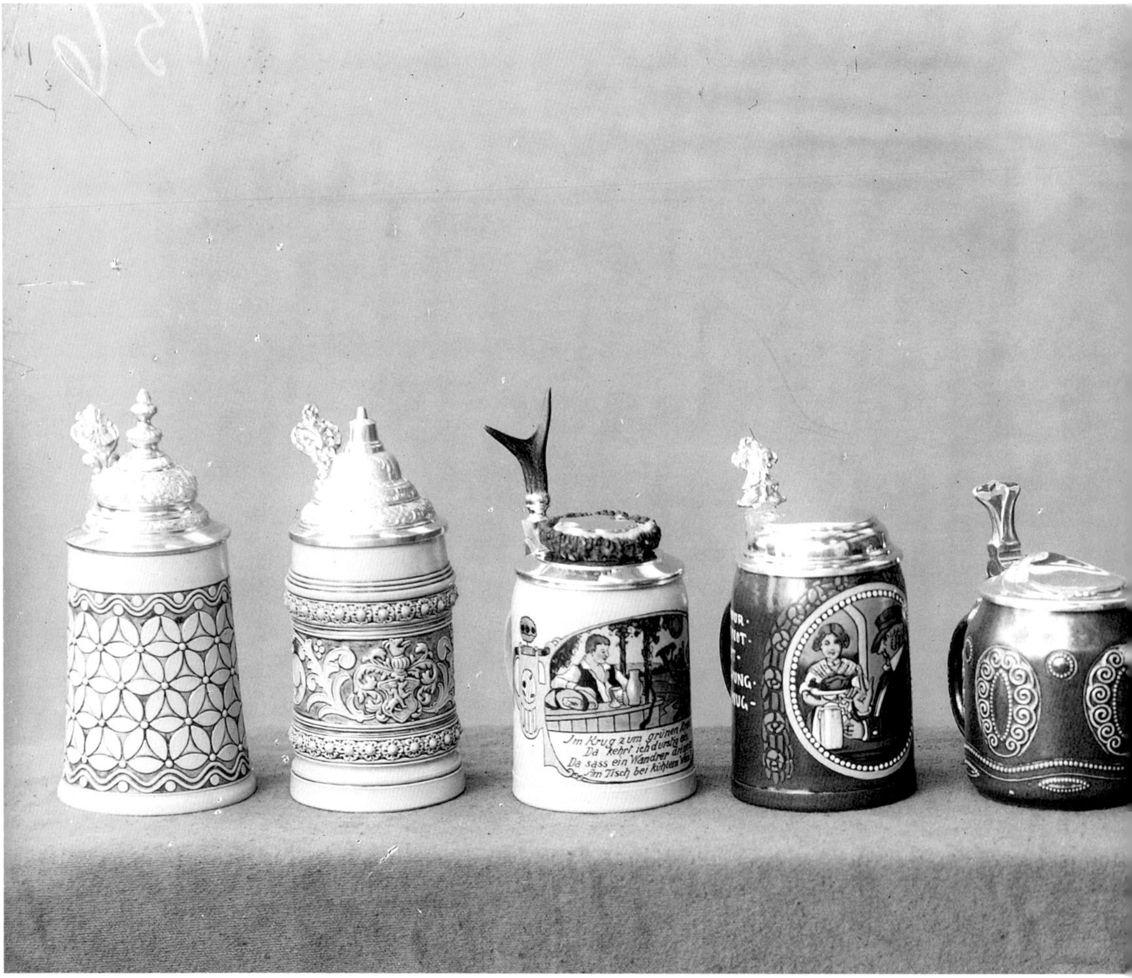

Von links nach rechts:
Modellnr. 919
Modellnr. 920
Modellnr. 921
Modellnr. 922
Modellnr. 923
Modellnr. 924, jeweils 0,5 l
Modellnr. 925, 0,4 l
Modellnr. 926, 0,5 l
Modellnr. 927, 0,5 l

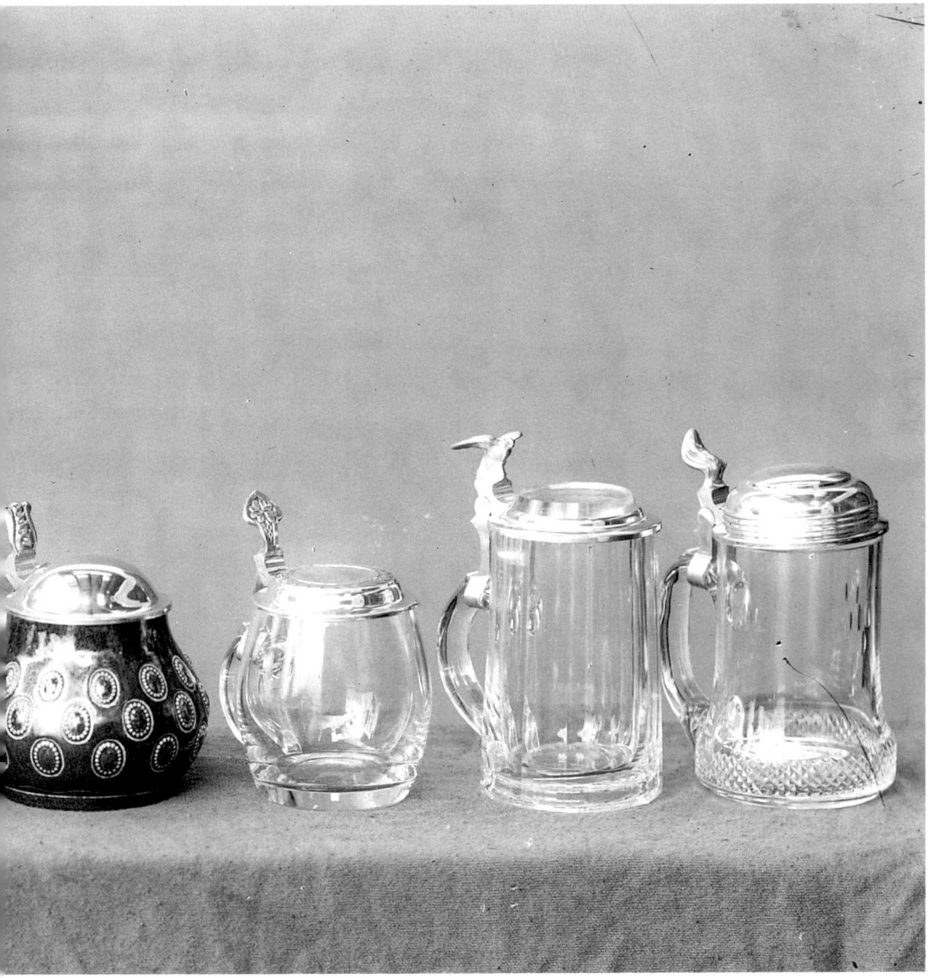

REICH GRAVIERTE KANNEN

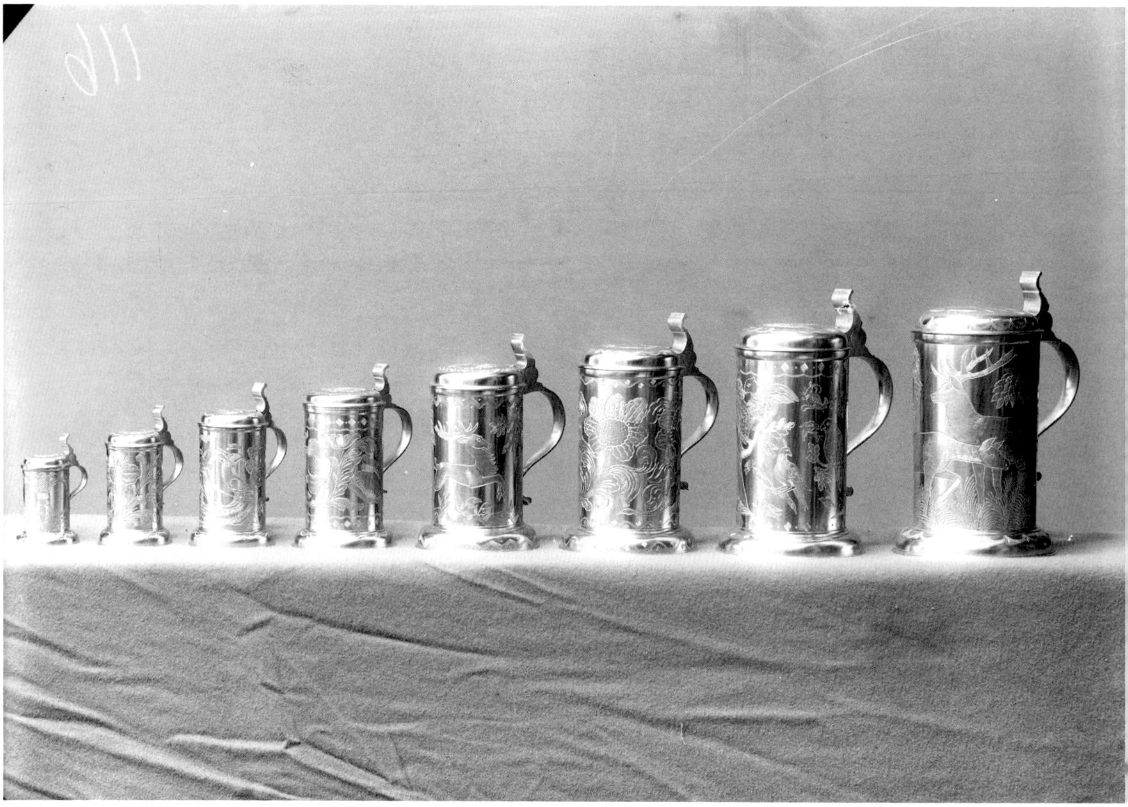

Von links nach rechts:
Modellnr. 782, H. 9 cm, 0,1 l
Modellnr. 781, H. 11 cm, 0,2 l
Modellnr. 780, H. 13,5 cm, 0,25 l
Modellnr. 779, H. 15,5 cm, 0,5 l
Modellnr. 778, H. 18 cm, 0,75 l
Modellnr. 777, H. 20 cm, 1 l
Modellnr. 776, H. 22,5 cm, 1,5 l
Modellnr. 775, H. 24 cm, 2 l

BIERKRÜGE, NACH ENTWURF VON FRANZ ERMER

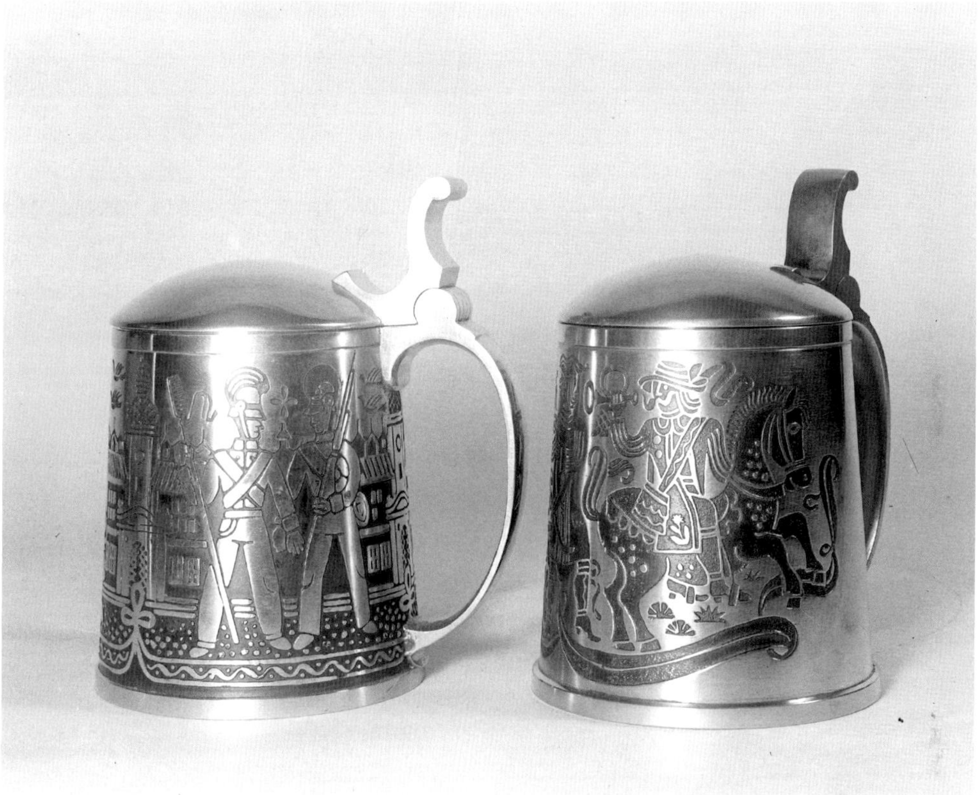

Von links nach rechts:
»Militärkännchen«, Modellnr. 2014, 0,5 l
»Jagdkännchen«, Modellnr. 1875, 0,5 l

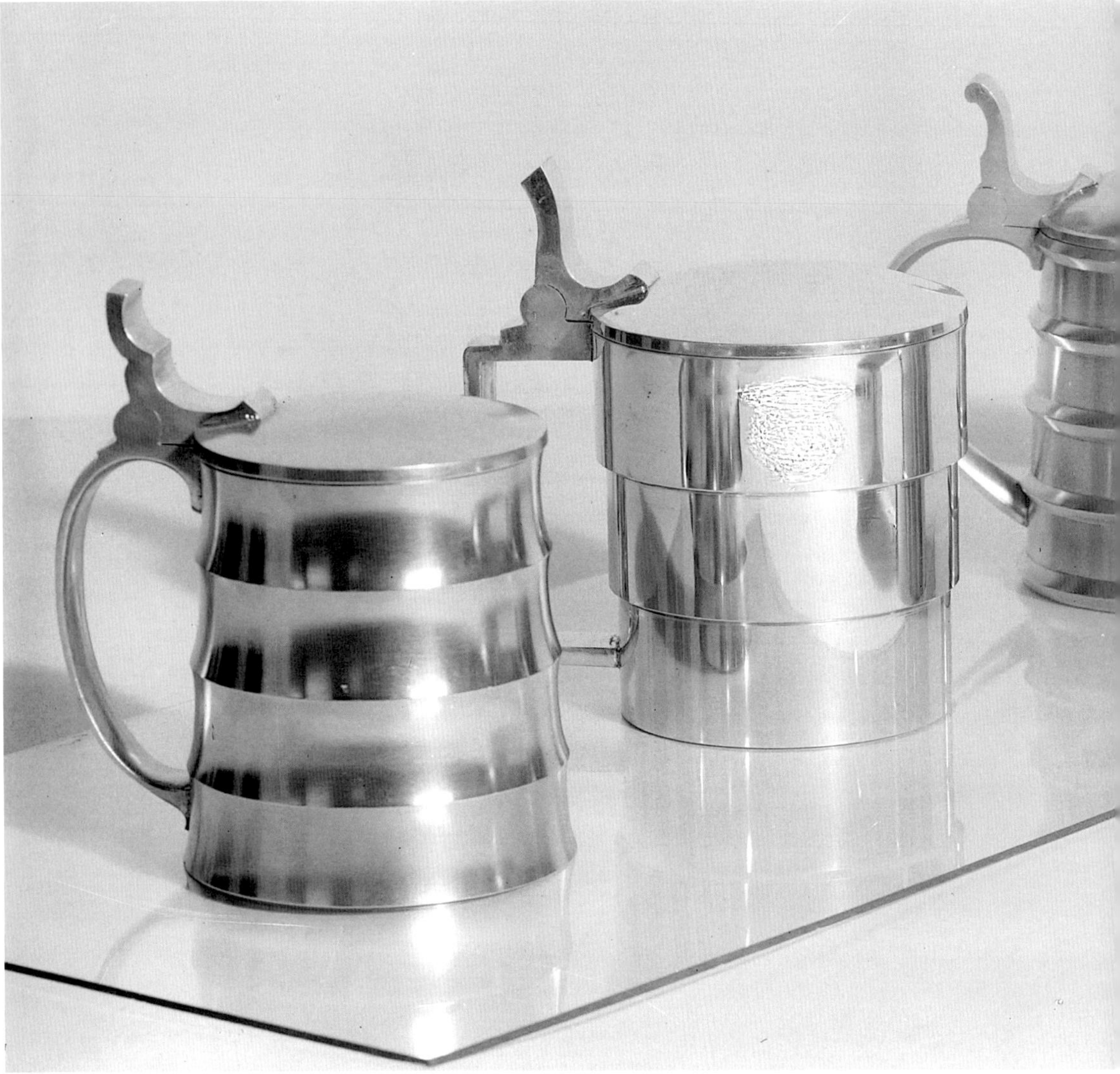

Von links nach rechts:
Modellnr. 1643, H. 14 cm, 0,5 l
Modellnr. 1648, 14,2 cm, 0,5 l
Modellnr. 1645, 14 cm, 0,5 l
Modellnr. 1649, 14,2 cm, 0,5 l
Modellnr. 1650, 13 cm, 0,5 l

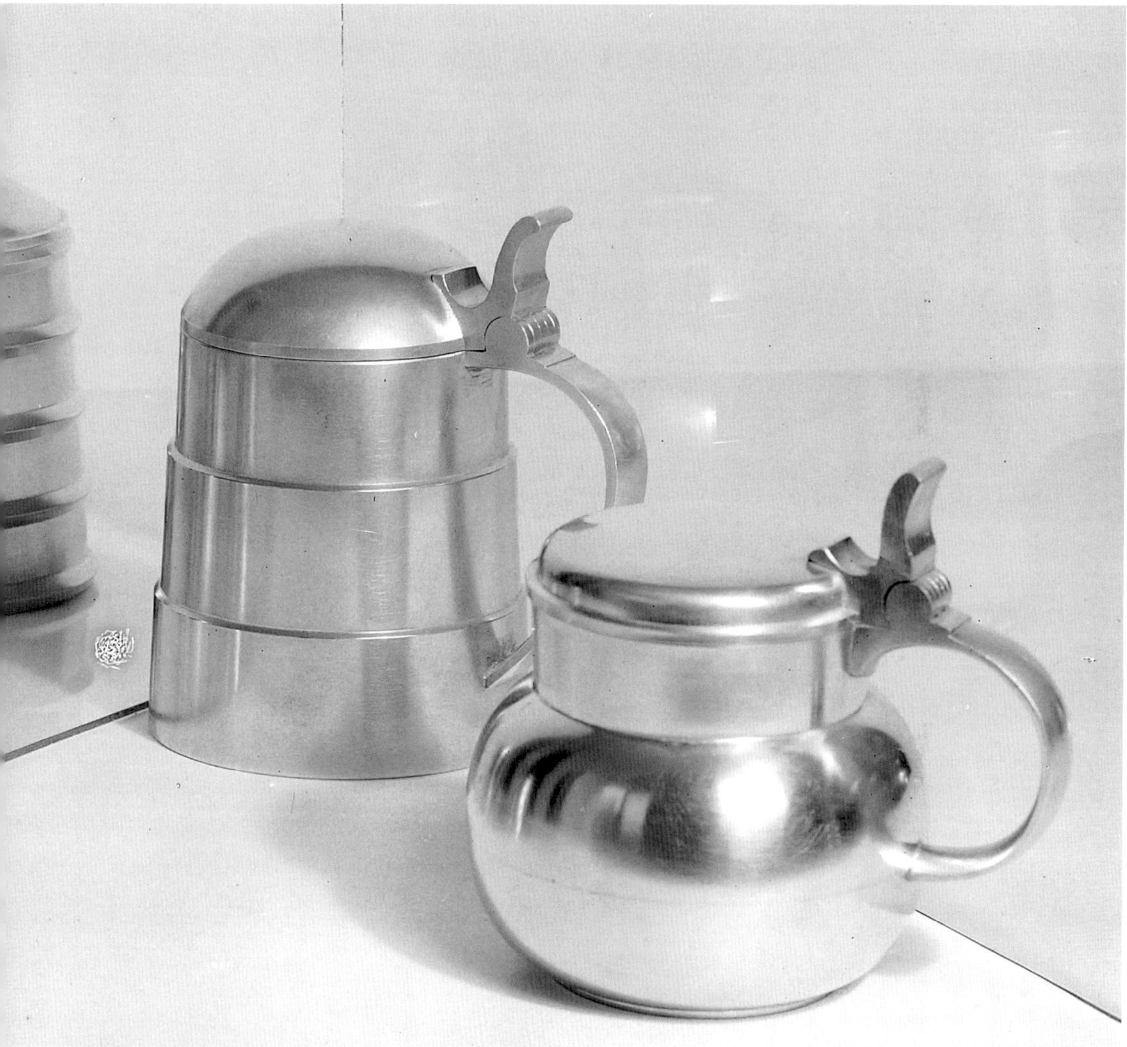

TERRINE UND BOWLE, NACH ENTWURF VON CHRISTIAN METZGER

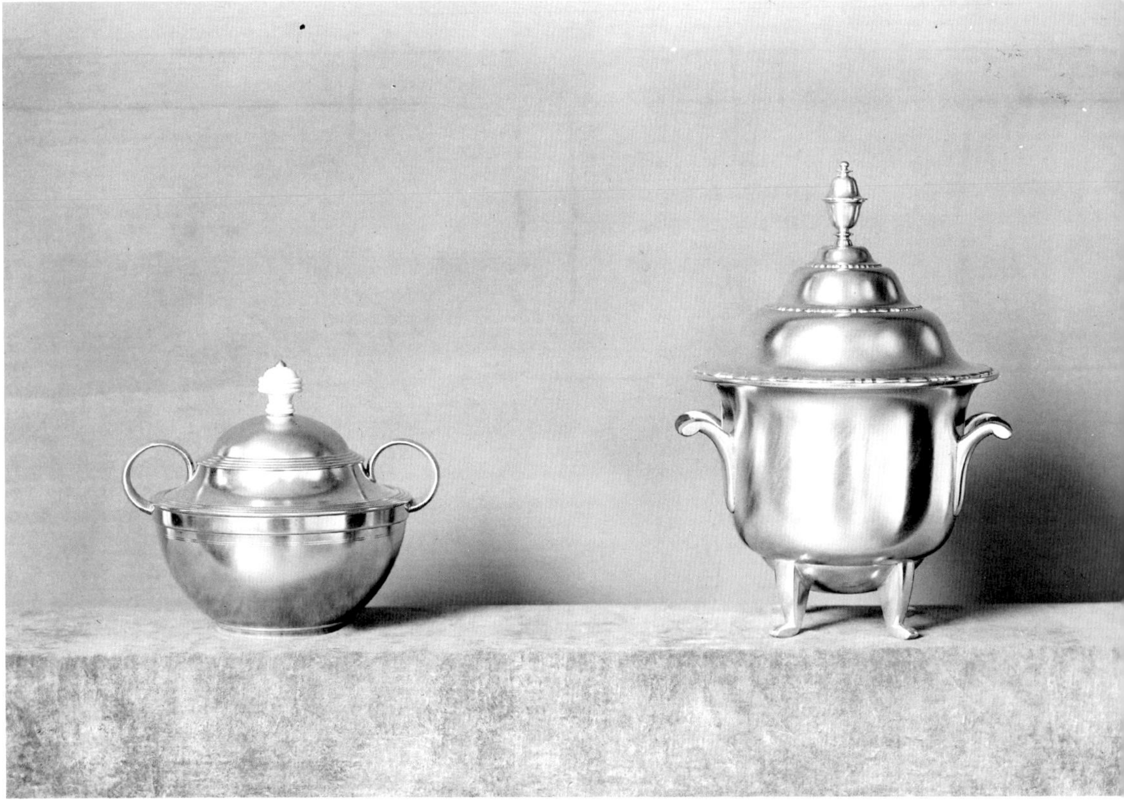

Von links nach rechts:
Modellnr. 1309, Inhalt: 3 l, B. 29 cm, H. 21,5 cm
Modellnr. 1308, Inhalt: 6 l, B. 30 cm, H. 44 cm

BOWLE, NACH ENTWURF VON WOLFGANG VON WERSIN

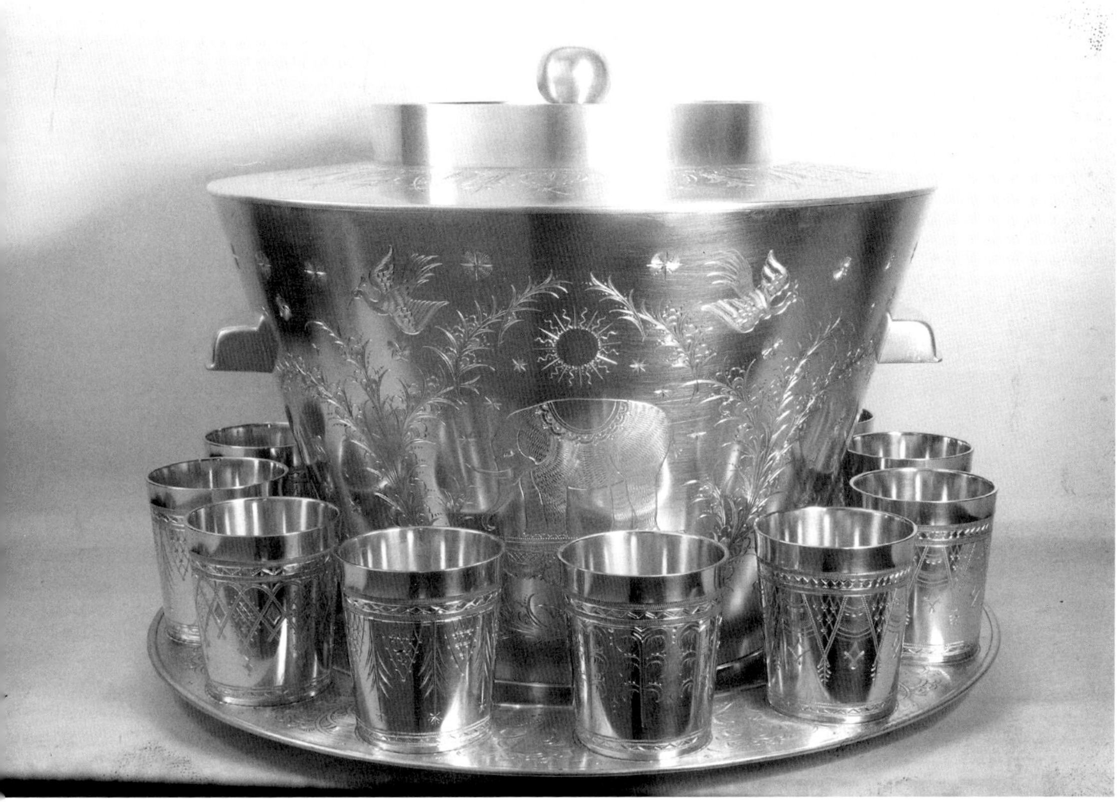

Bowleschüssel, Modellnr. 1785, H. 38 cm, 10 l
Becher, Modellnr. 1766, 0,29 l
Unterplatte, Modellnr. 1784, Dm. 47 cm

TEEDOSEN

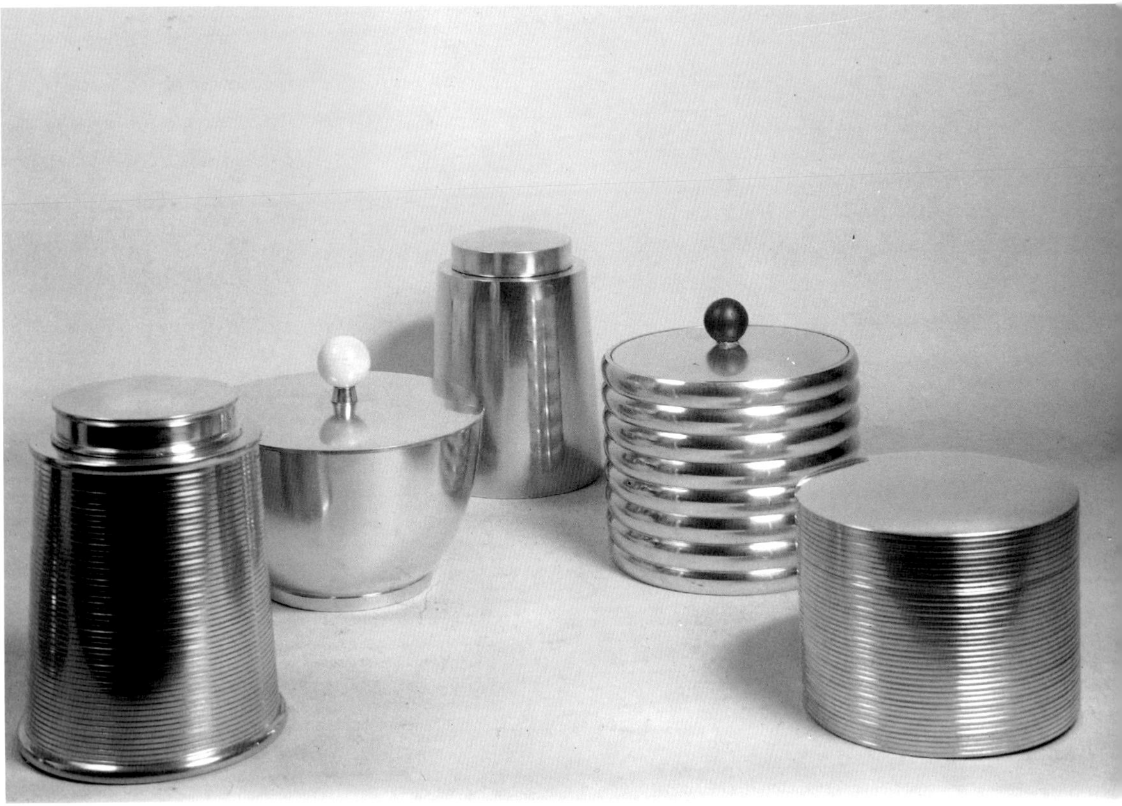

Von links nach rechts:
Modellnr. 1782 a, H. 10 cm
Modellnr. 1723, H. 10 cm
Modellnr. 1782, H. 10 cm
Modellnr. 1797, H. 9,5 cm
Modellnr. 1792 a, H. 10 cm

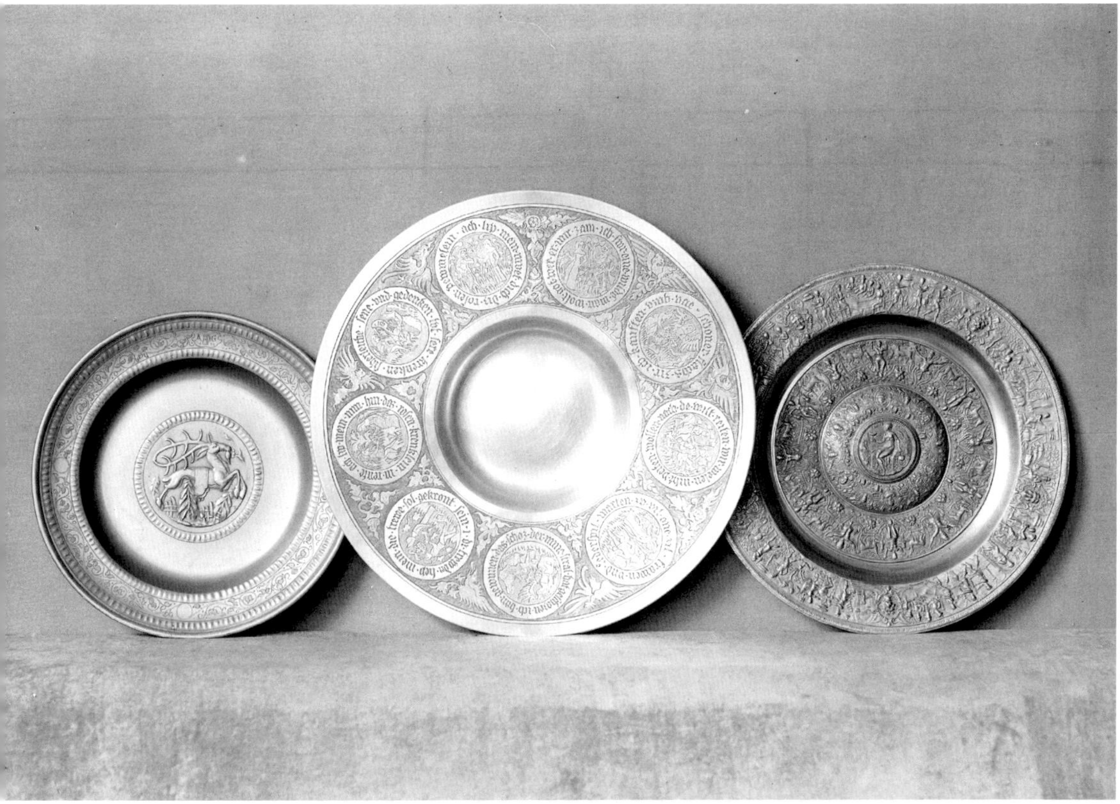

Von links nach rechts:
Modellnr. 432, Dm. 34,5 cm
Regensburger Medaillonteller, Modellnr. 459, Dm. 46 cm
Modellnr. 445, Dm. 39 cm

TELLER

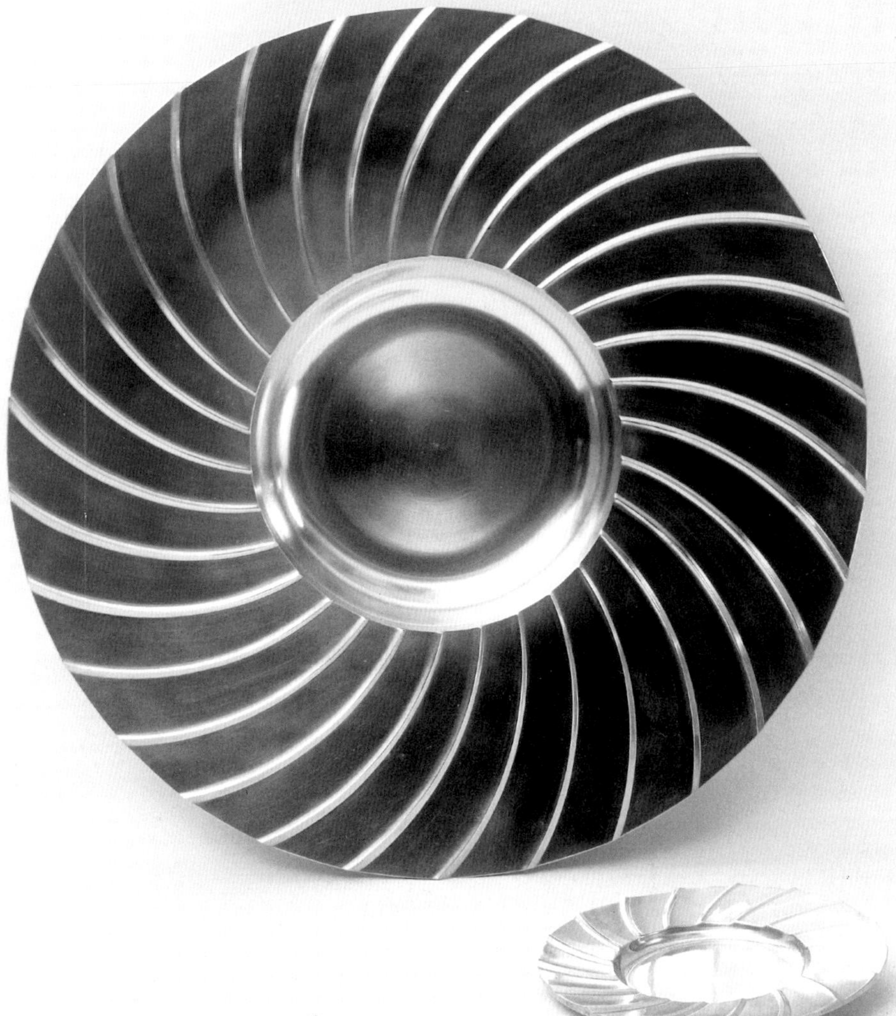

Großer Teller: Modellnr. 1737, Dm. 40 cm
Kleiner Teller: Modellnr. 1736, Dm. 15,3 cm

»BAUERNTELLER«

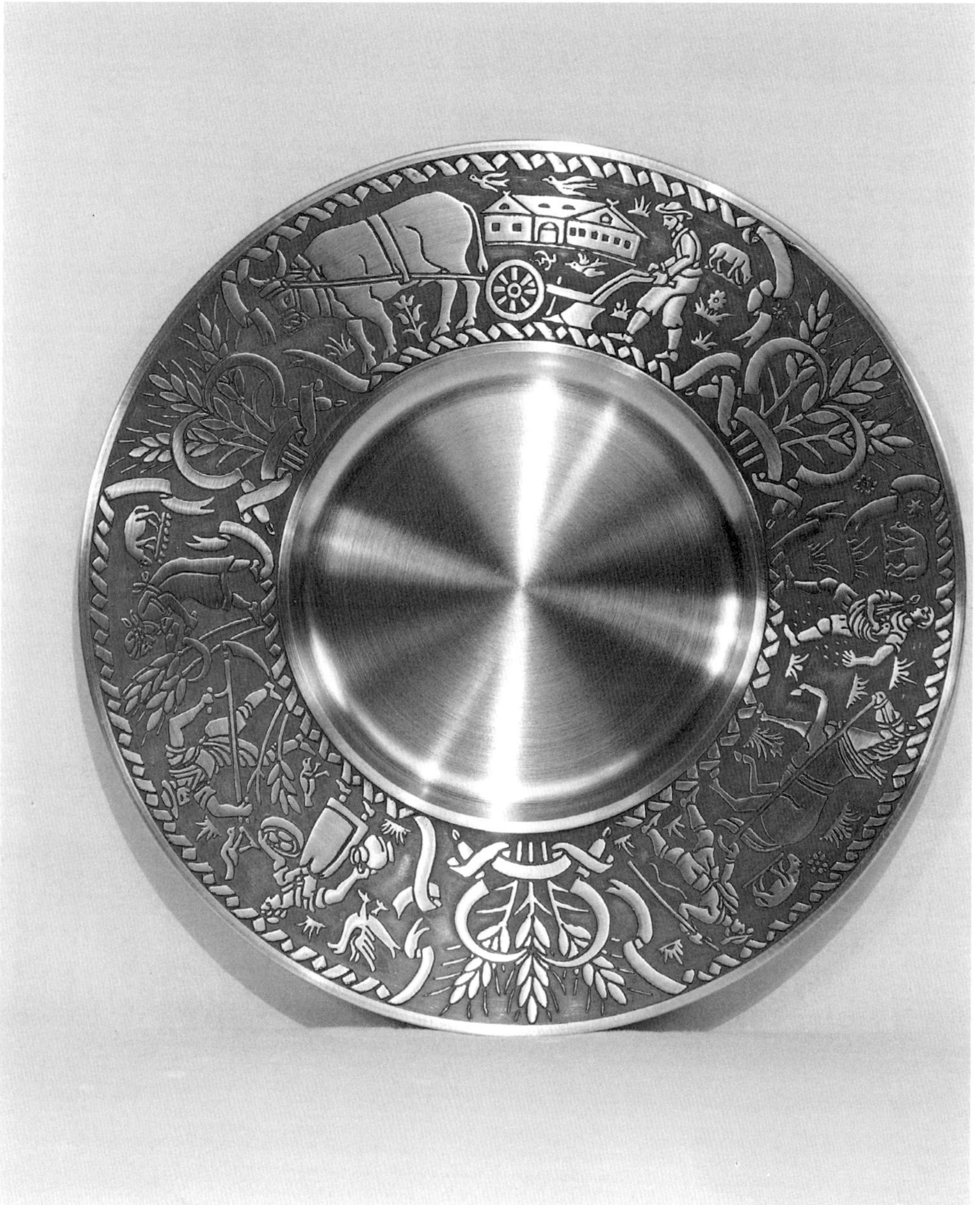

Modellnr. 2045, Dm. 25,3 cm

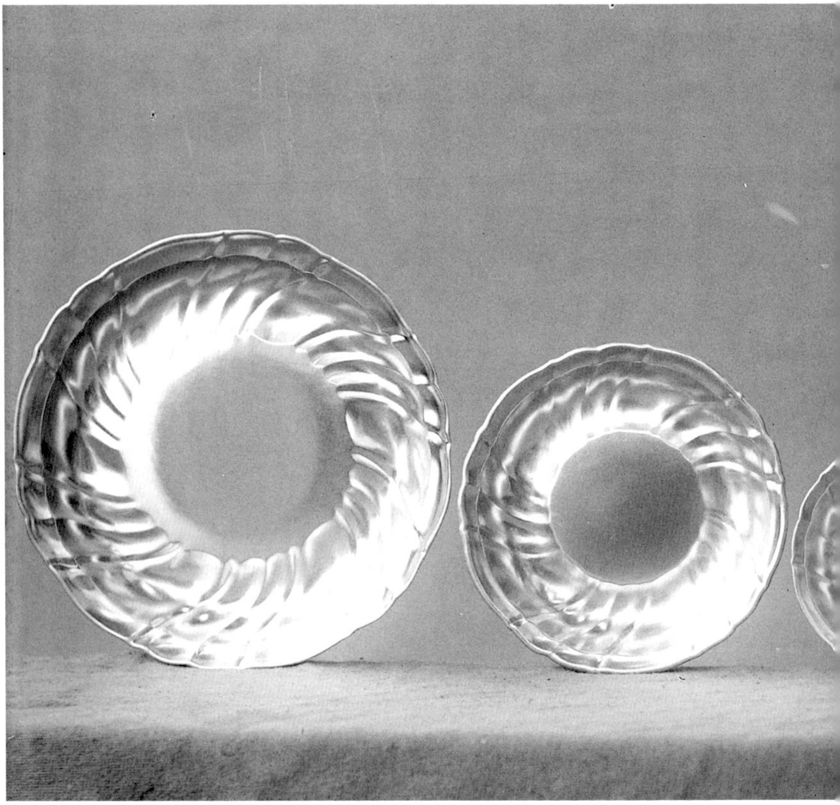

Von links nach rechts:
Modellnr. 214, Dm. 22,5 cm
Modellnr. 215, Dm. 17 cm
Modellnr. 216, Dm. 12,5 cm
Modellnr. 208, L. 23 cm, H. 17,5 cm
Modellnr. 217, L. 23,5 cm, H. 16,7 cm
Modellnr. 209, L. 21 cm, B. 17 cm

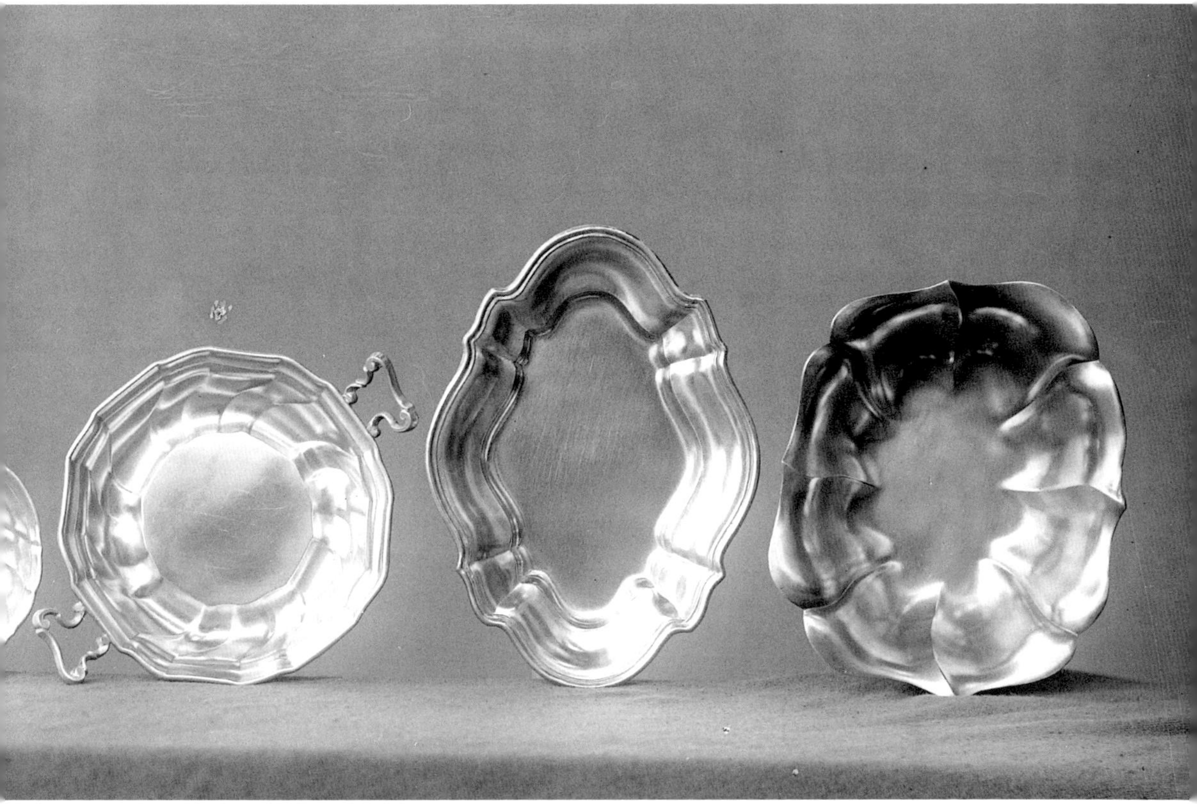

OVALE PLATTEN, ROKOKO

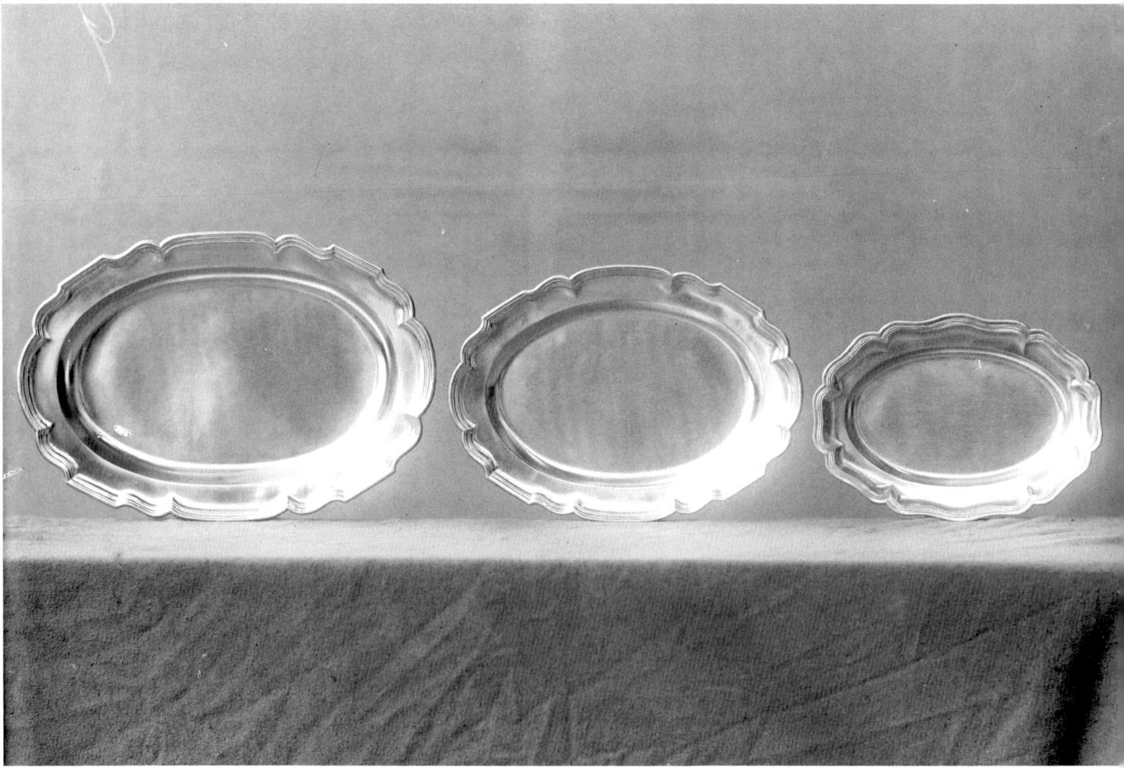

Von links nach rechts:
Modellnr. 204, L. 41,5 cm, B. 28,5 cm
Modellnr. 205, L. 34,8 cm, B. 25 cm
Modellnr. 206, L. 28 cm, B. 20 cm

RUNDE UND OVALE TABLETTS MIT PERLSTABRAND

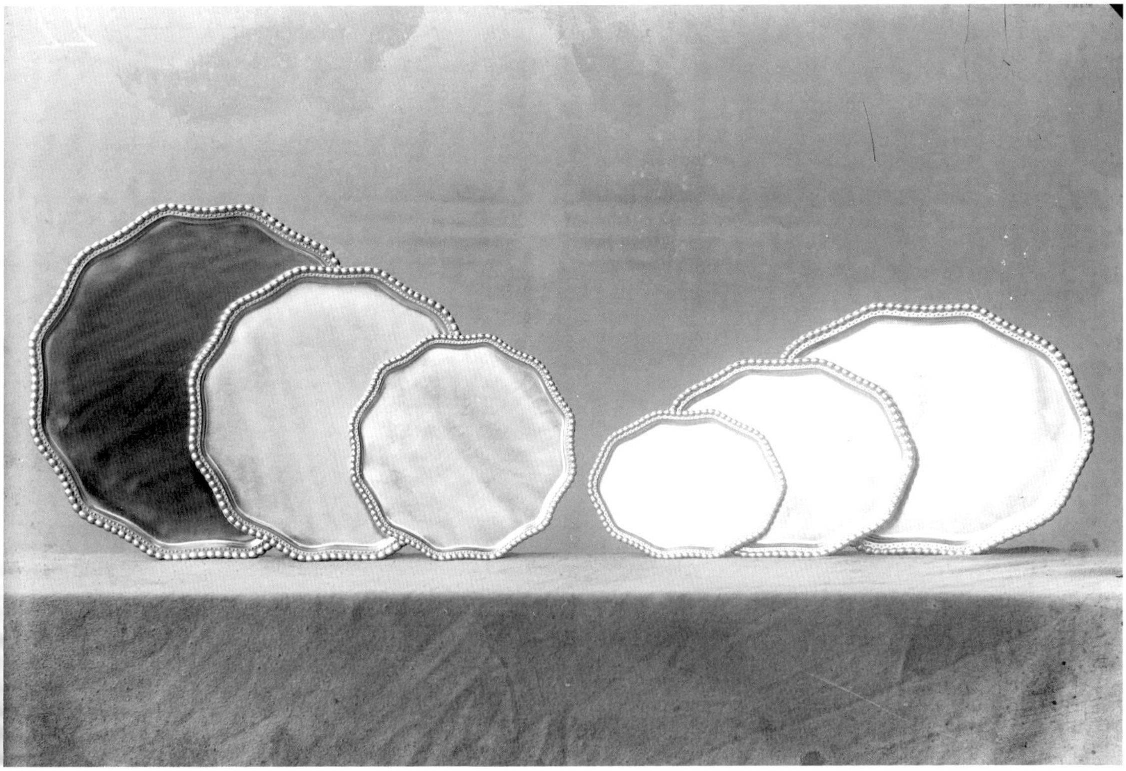

Von links nach rechts:
Modellnr. 185, L. 36 cm
Modellnr. 186, L. 30,5 cm
Modellnr. 187, L. 23 cm
Modellnr. 190, L. 20 cm, B. 15 cm
Modellnr. 189, L. 26,3 cm, B. 20 cm
Modellnr. 188, L. 34,5 cm, B. 25 cm

SCHALEN

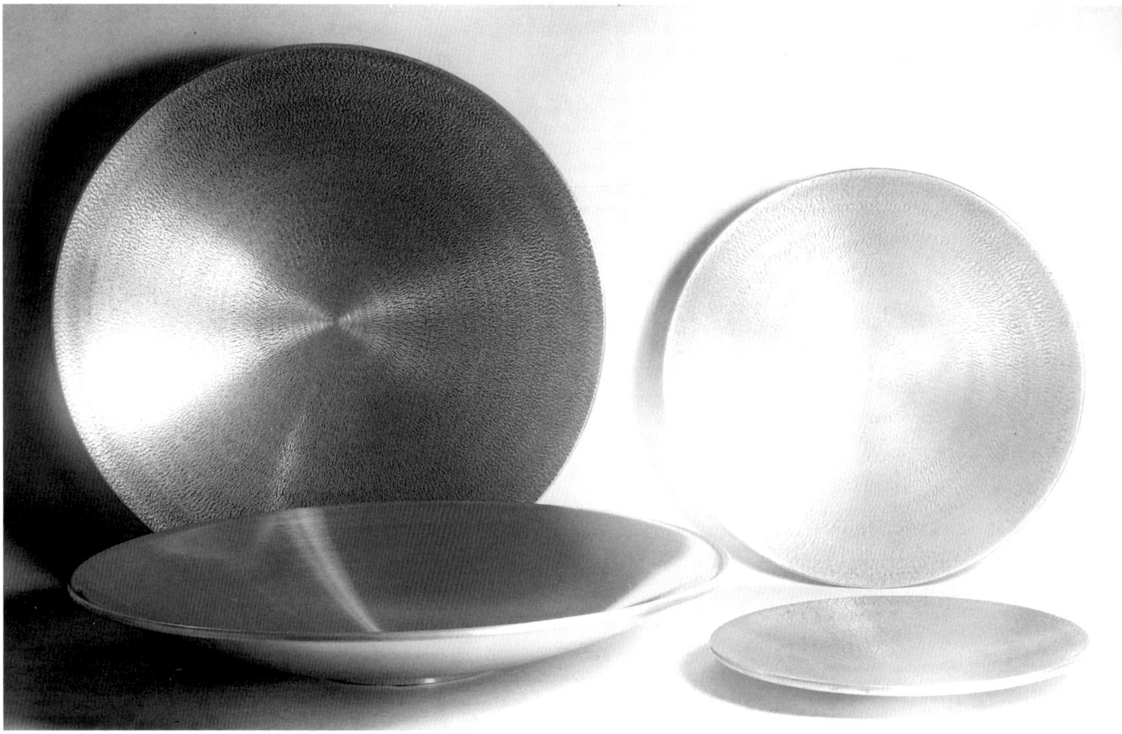

Schalen, geraut oder glatt
Vorne links: Modellnr. 1827, Dm. 40 cm
Hinten links: Modellnr. 1827 x, Dm. 40 cm
Vorne rechts: Modellnr. 1829 x, Dm. 21,8 cm
Hinten rechts: Modellnr. 1828 x, Dm. 30 cm

SCHÄLCHEN

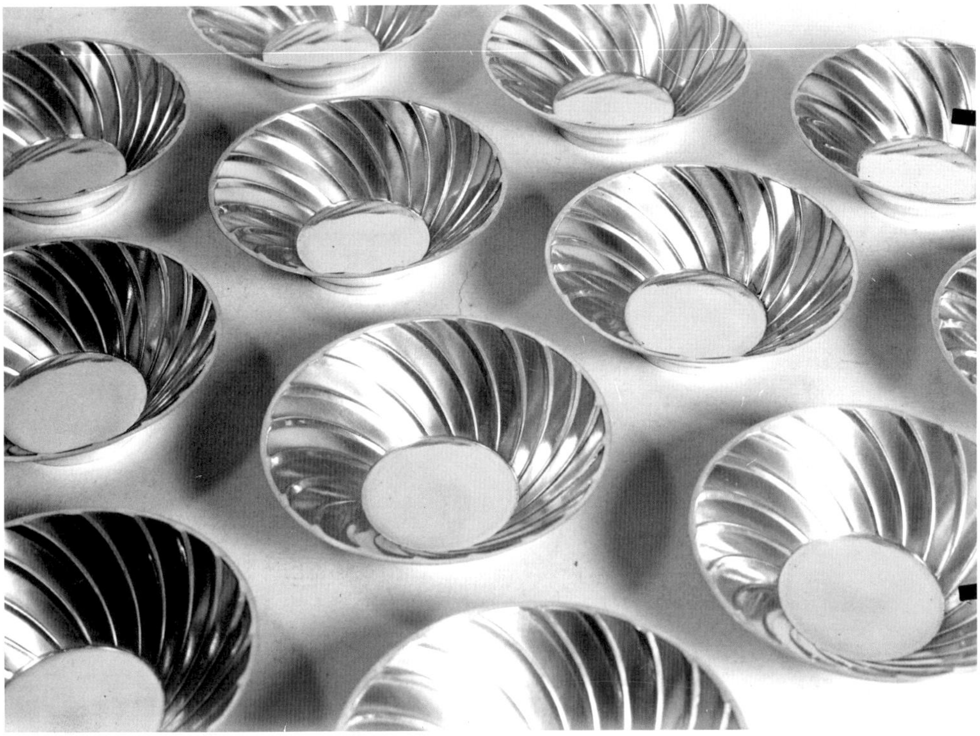

Modellnr. jeweils 1694, Dm. 9,8 cm

ALTARLEUCHTER

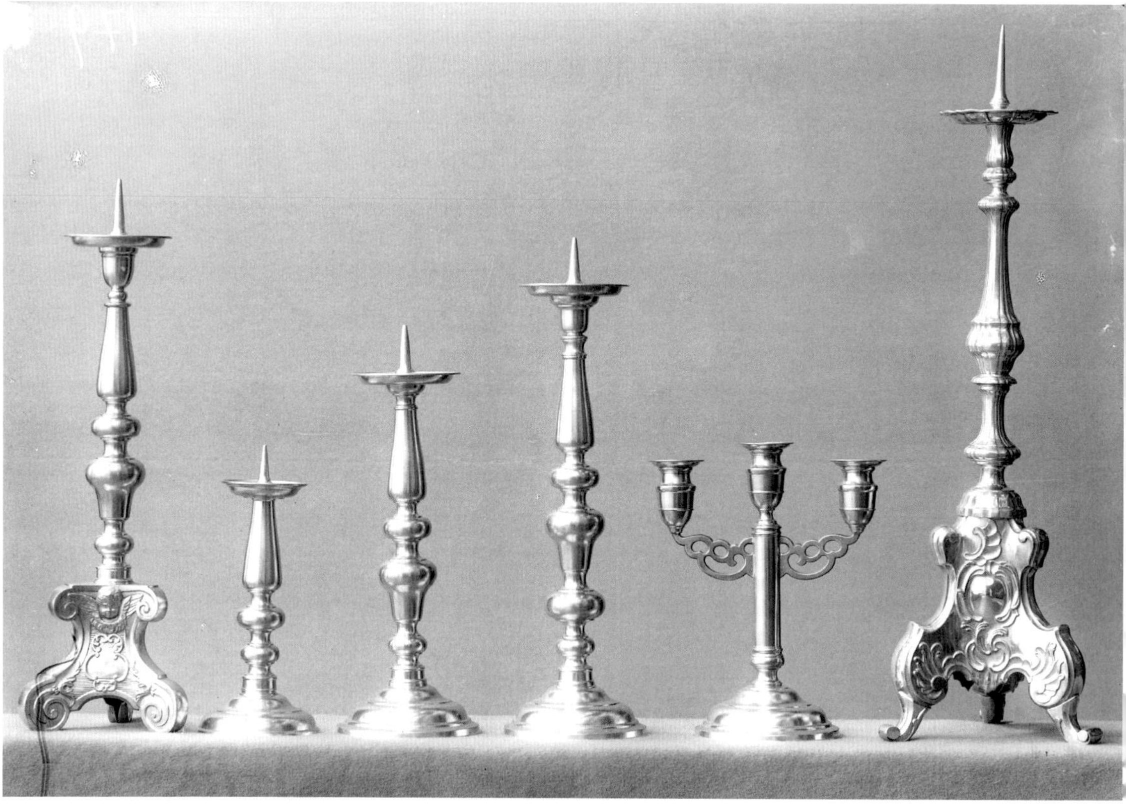

Von links nach rechts:
Modellnr. 428, H. 55 cm
Modellnr. 425, H. 28,5 cm
Modellnr. 426, H. 40 cm
Modellnr. 427, H. 50 cm
Modellnr. 423 a, H. 29 cm
Modellnr. 421, H. 70,5 cm

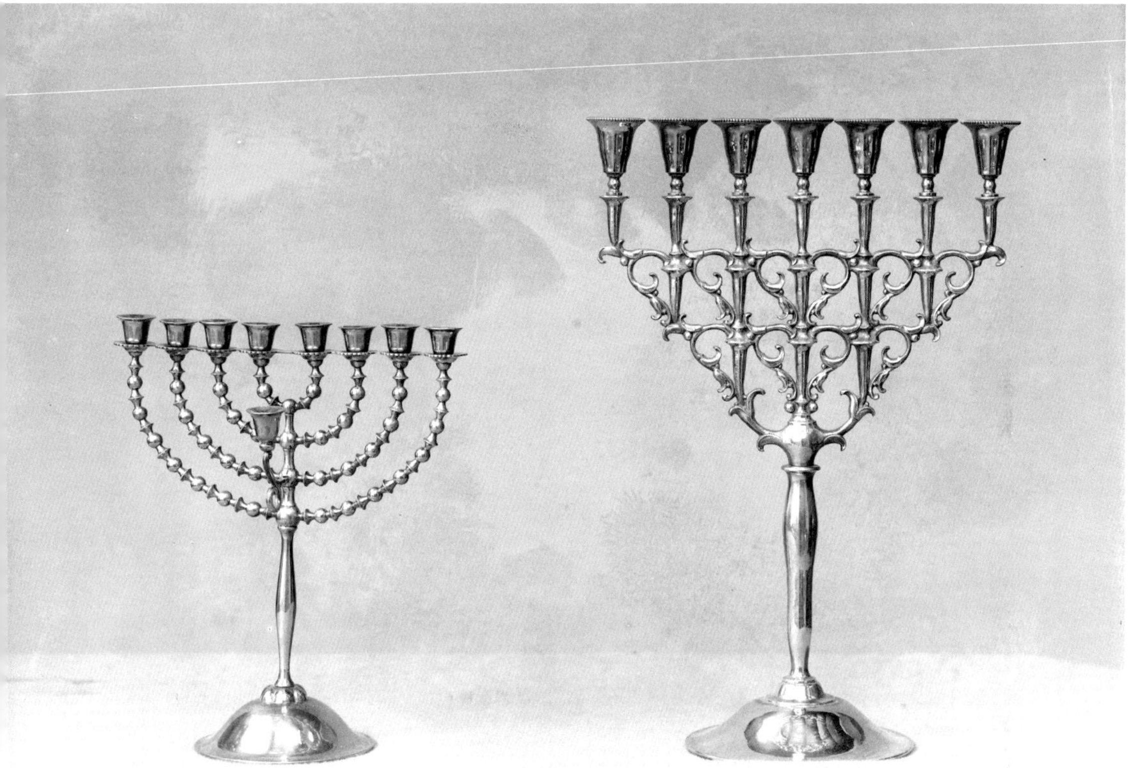

Von links nach rechts:
Modellnr. 998, Dm. 23 cm, H. 25,5 cm, nach Entwurf von Friedrich Adler
Modellnr. 943, H. 24,5 cm, H. 37,5 cm, nach Entwurf von Iwan Seligmann

CHANUKKA-LAMPEN

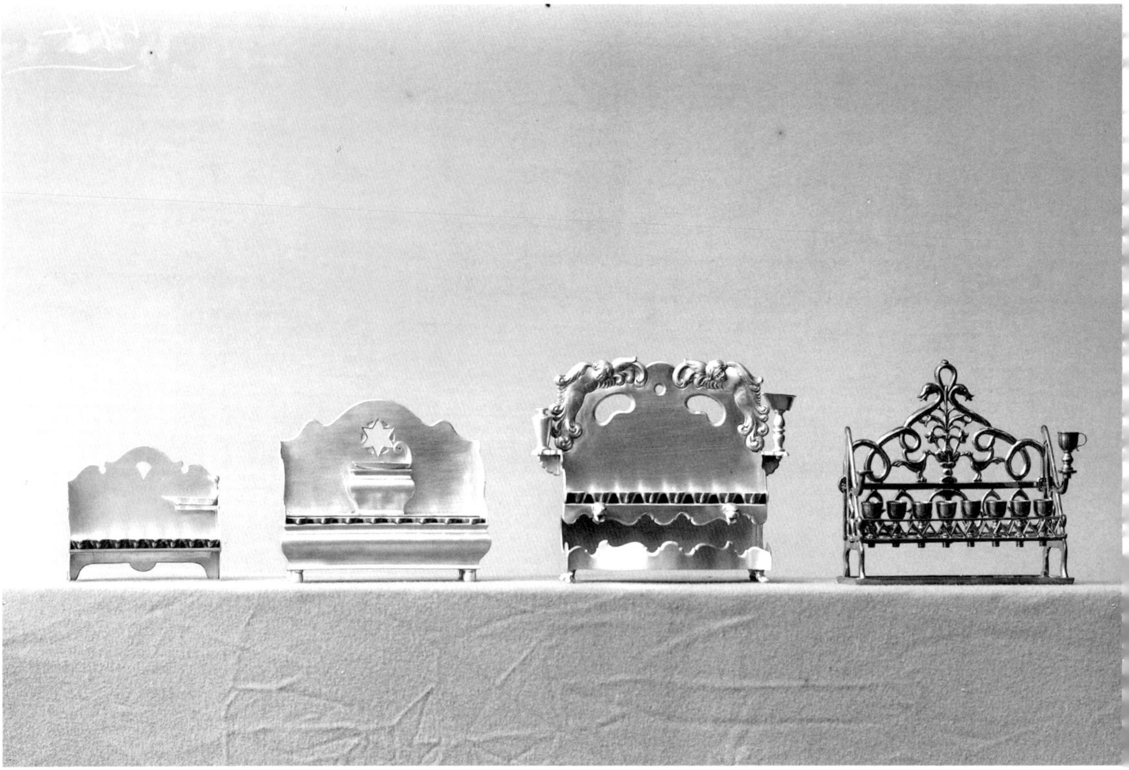

Von links nach rechts:
Modellnr. 978, L. 15 cm x B. 5,5 cm x H. 13,5 cm
Modellnr. 979, L. 21 cm x B. 7 cm x H. 18 cm
Modellnr. 980, L. 25,5 x B. 9,5 cm x H. 22 cm
Chanukka-Lampe aus Messing, Modellnr. 981, L. 22 cm x B. 9 cm x H. 22 cm

KERZENLEUCHTER, VIERFLAMMIG,
NACH ENTWURF VON WOLFGANG VON WERSIN

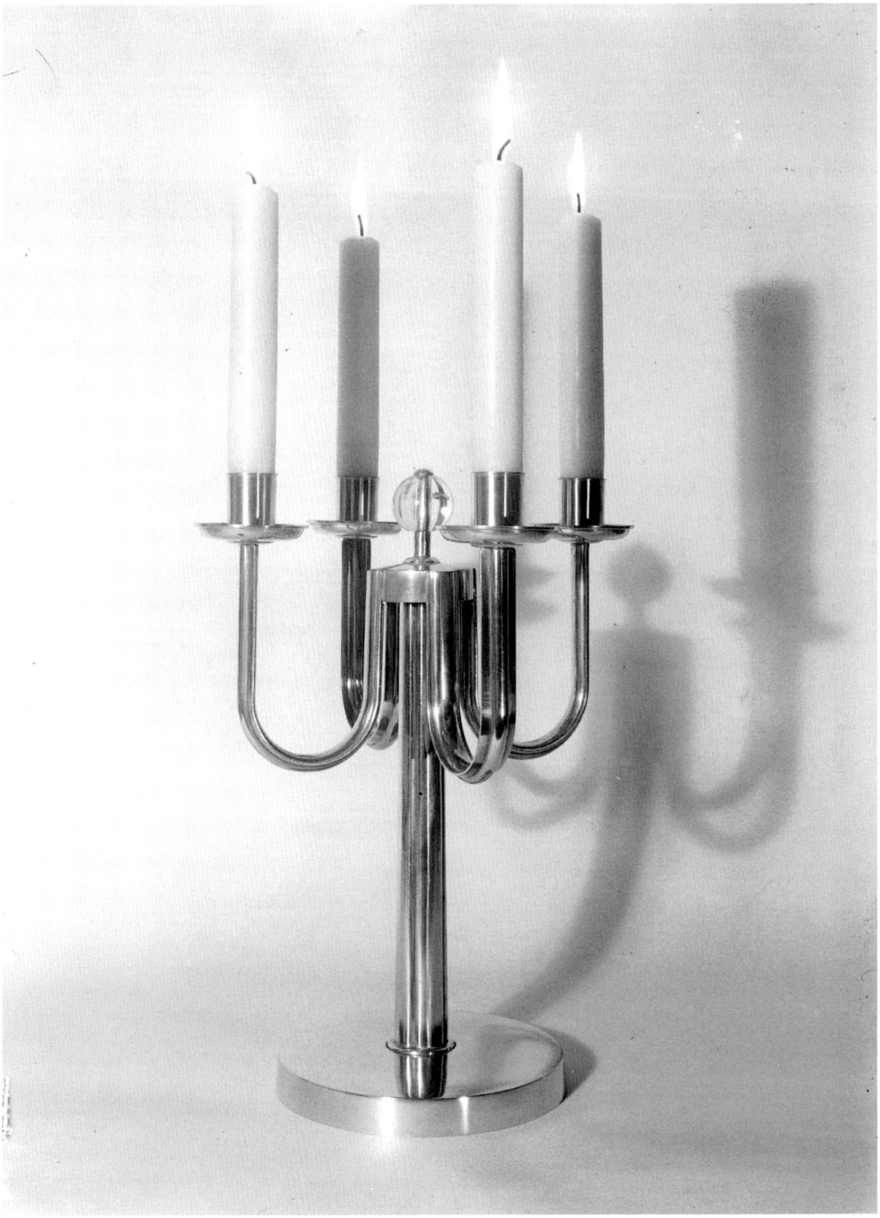

Modellnr. 2011/I, H. 35,5 cm, Dm. 27 cm

KERZENLEUCHTER, SECHSFLAMMIG, NACH ENTWURF VON WOLFGANG VON WERSIN

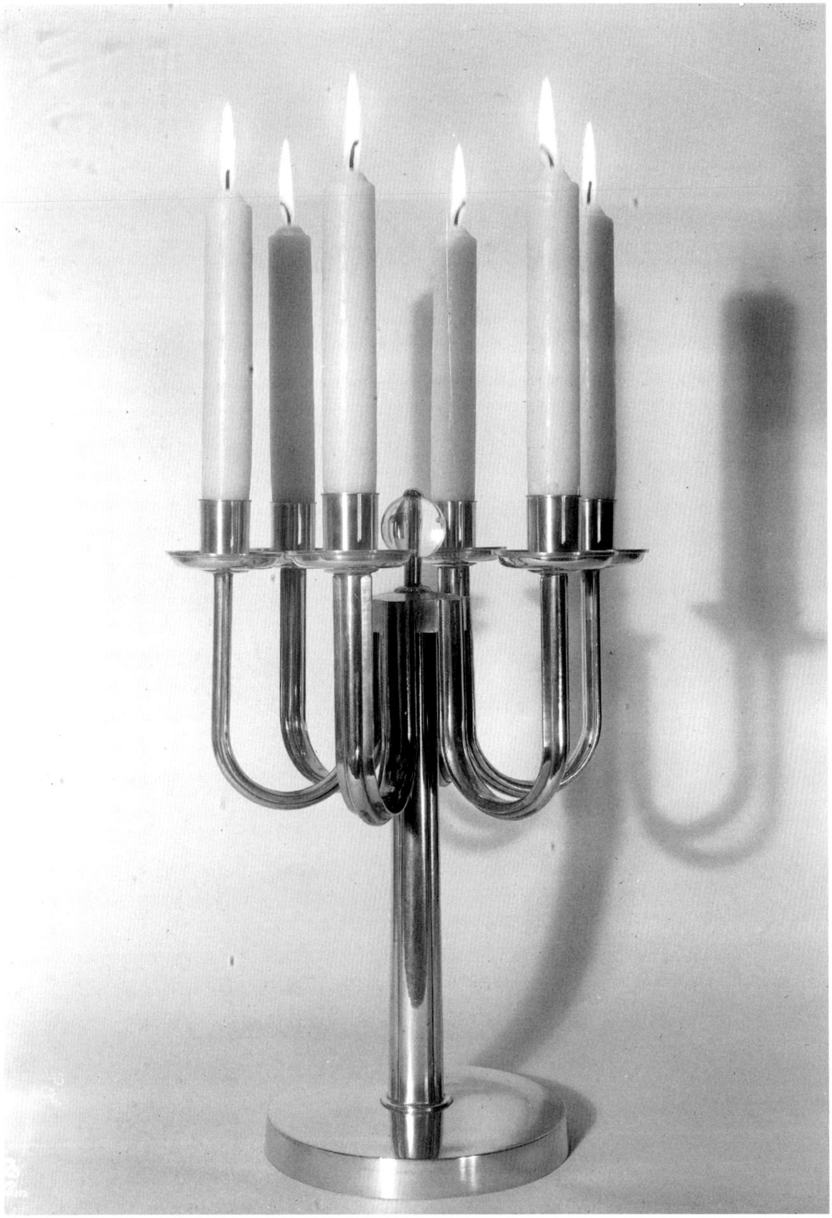

Modellnr. 2011/II, H. 35,5 cm, Dm. 27 cm

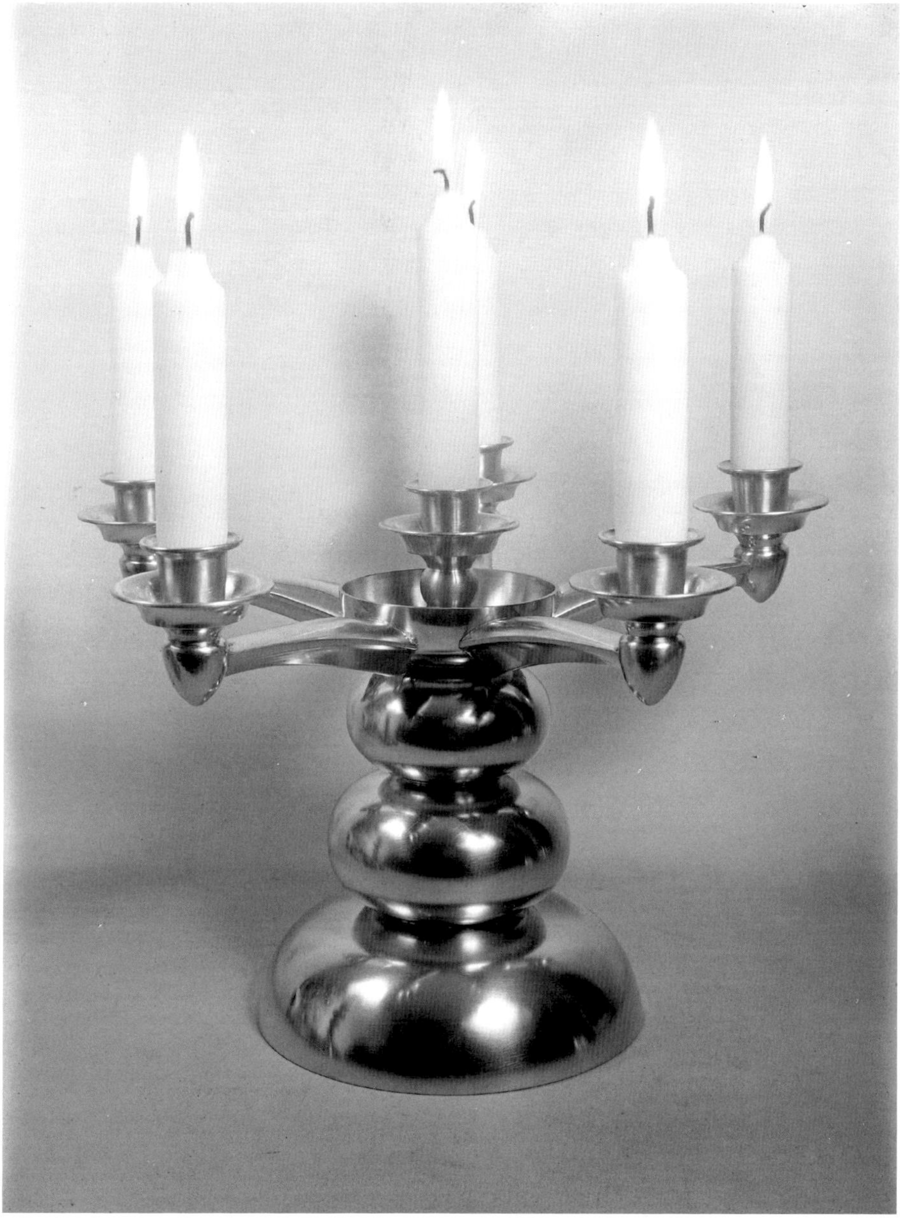

Modellnr. 1736, H. 23,5 cm, Dm. 33 cm

WANDLEUCHTER

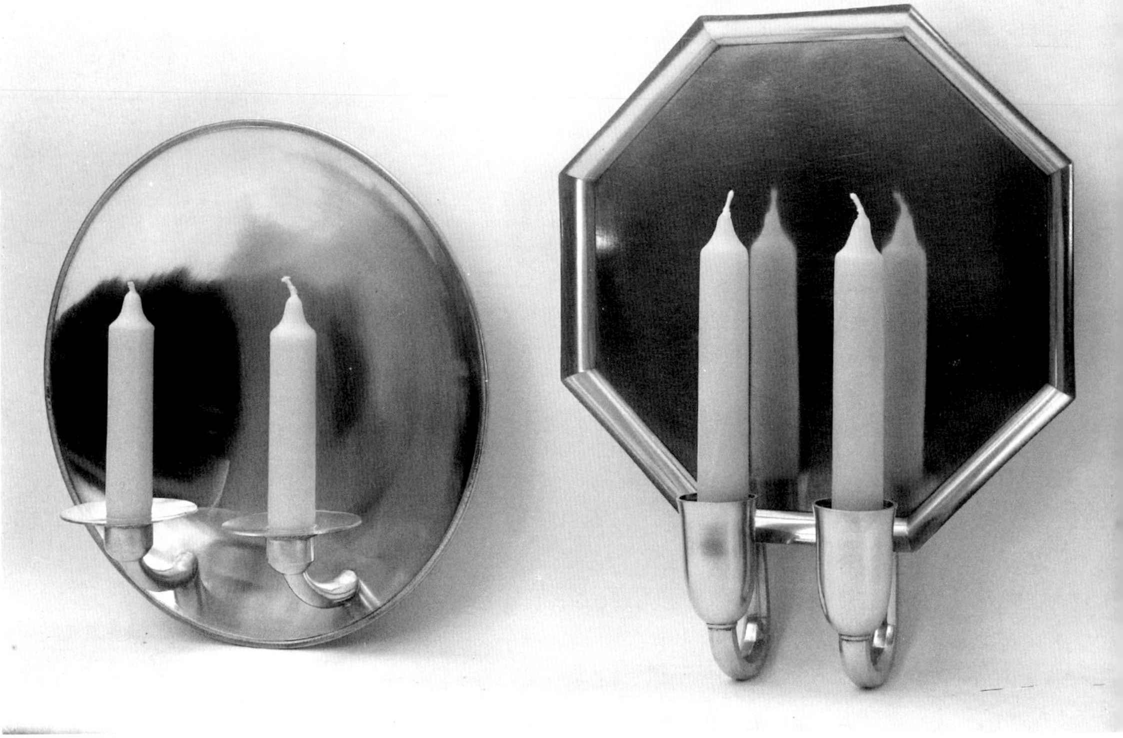

Von links nach rechts:
Modellnr. 2018/La., Dm. 30 cm
Modellnr. 2017/La., Dm. 29,3 cm

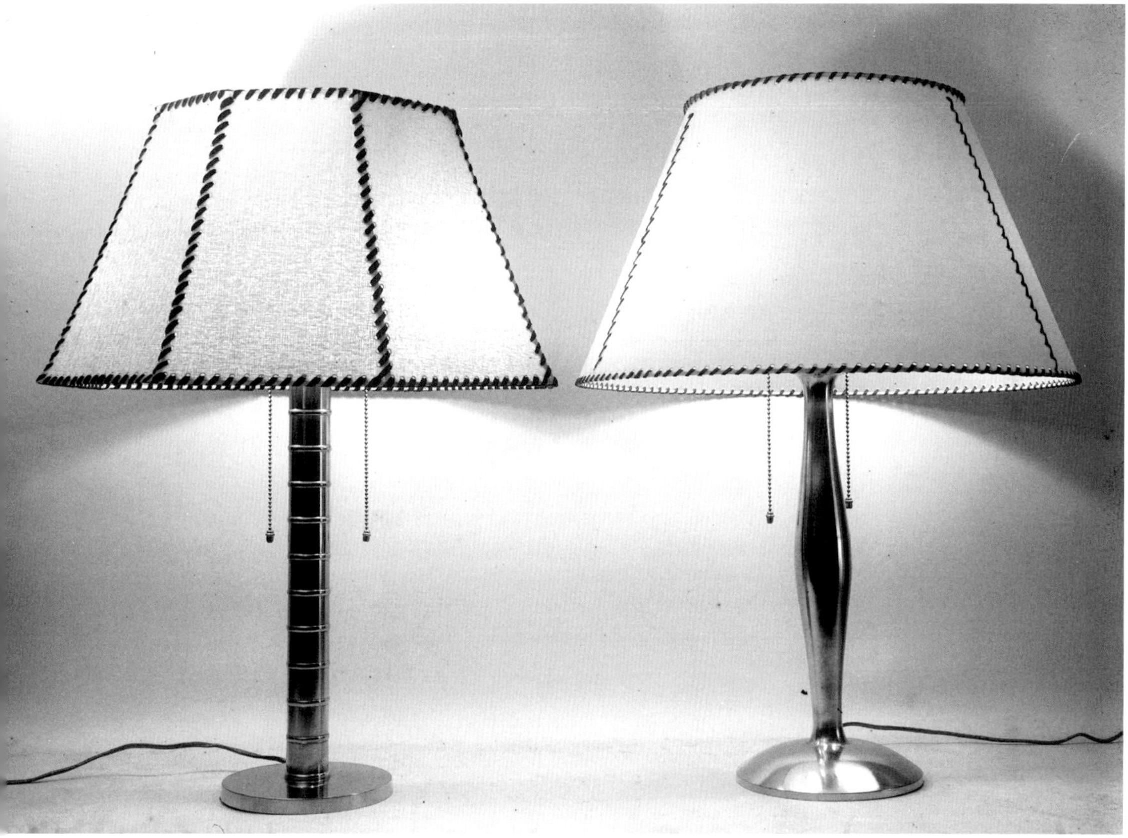

Von links nach rechts:
Modellnr. 2019/La., H. 45 cm
Modellnr. 1938/La., H. 45 cm

LAMPENFÜSSE

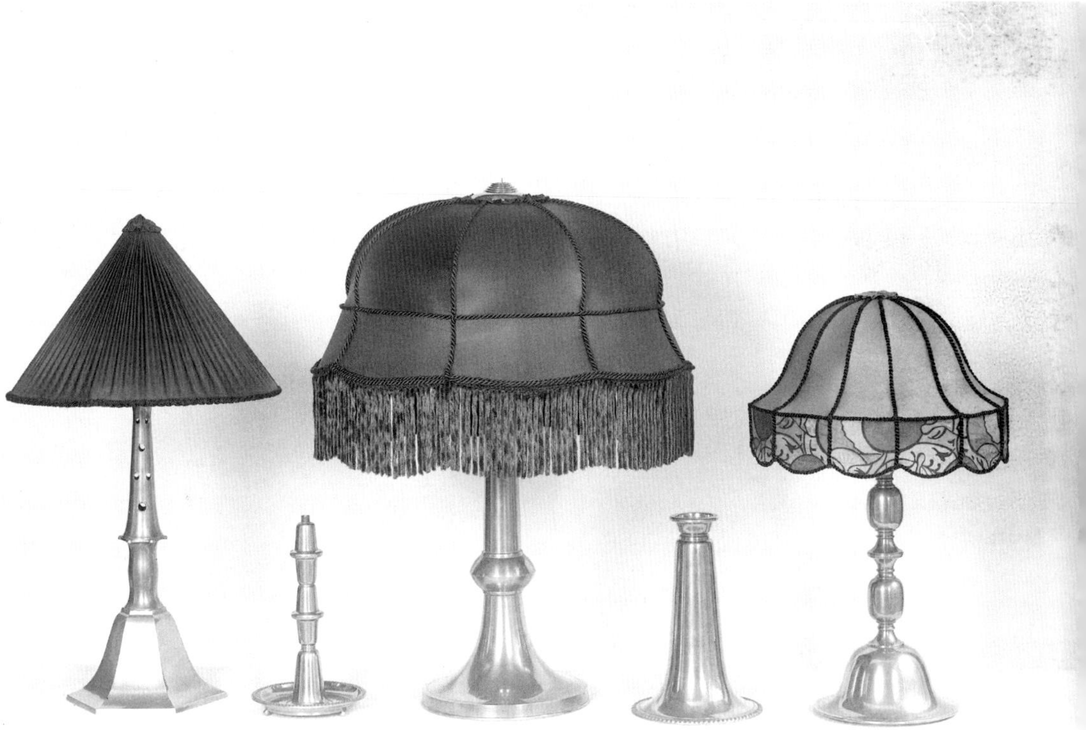

Von links nach rechts:
Modellnr. 1458, H. 23 cm
Modellnr. 1459, H. 20 cm
Modellnr. 1460, H. 39 cm
Modellnr. 1461, H. 20 cm
Modellnr. 1462, H. 28 cm

ZIFFERNBLÄTTER

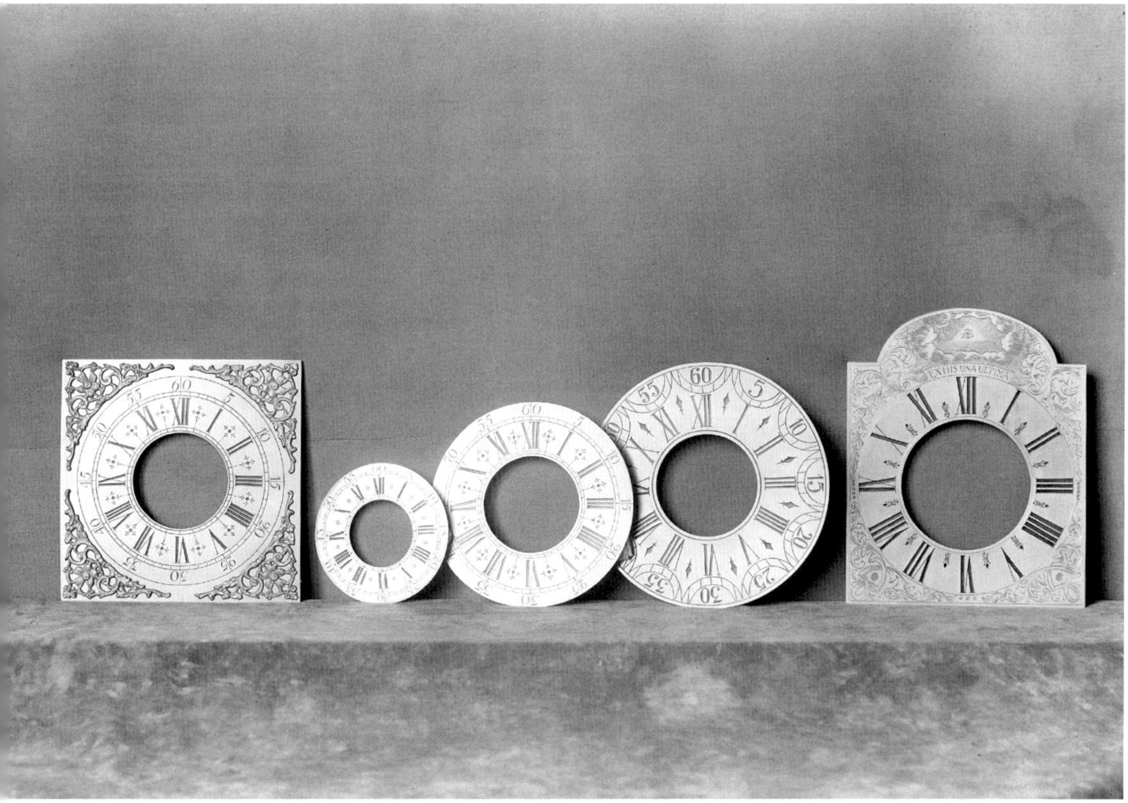

Von links nach rechts:
Modellnr. 1297, H. 25 cm, B. 25 cm, innerer Dm. 9,8 cm
Modellnr. 1298, Innerer Dm. 7 cm, äußerer Dm. 14,5 cm
Modellnr. 1298a, Innerer Dm. 10 cm, äußerer Dm. 21 cm
Modellnr. 1298b, Innerer Dm. 10,5 cm, äußerer Dm. 25 cm
Modellnr. 1299, H. 31 cm, B. 25 cm, innerer Dm. 9,8 cm

TEEKANNEN

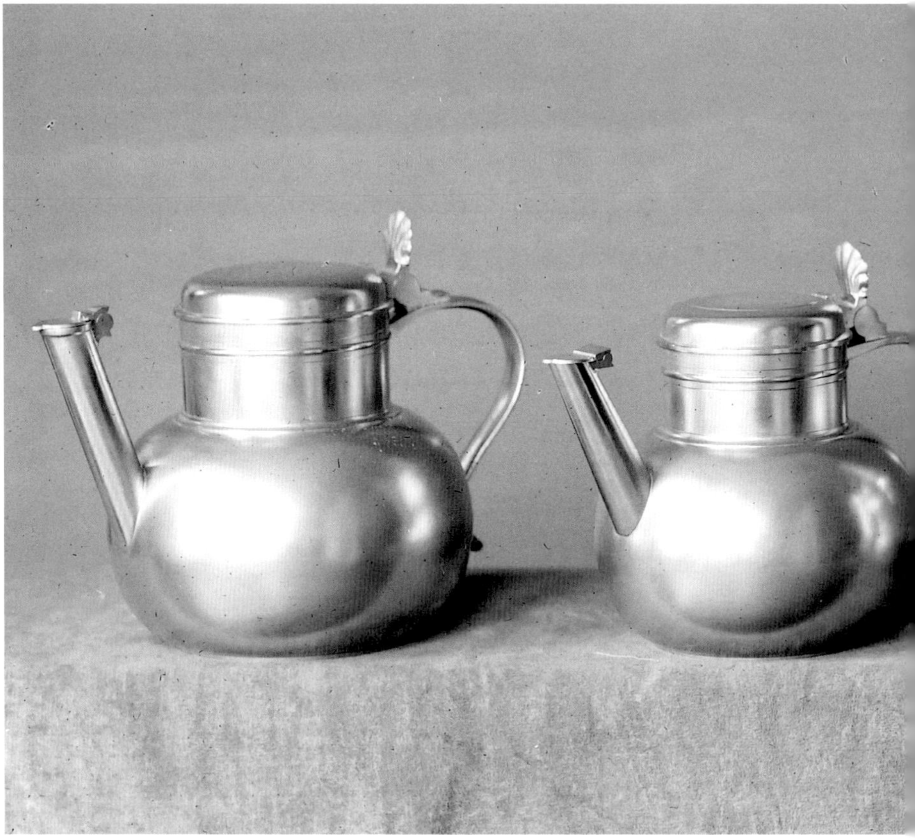

Von links nach rechts:
Modellnr. 839, H. 18,5 cm, 2,35 l
Modellnr. 838, H. 17 cm, 1,80 l
Modellnr. 1508, H. 20 cm, 1,70 l
Modellnr. 1509, H. 18 cm, 1,20 l
Modellnr. 806, H. 15,5 cm, 0,75 l

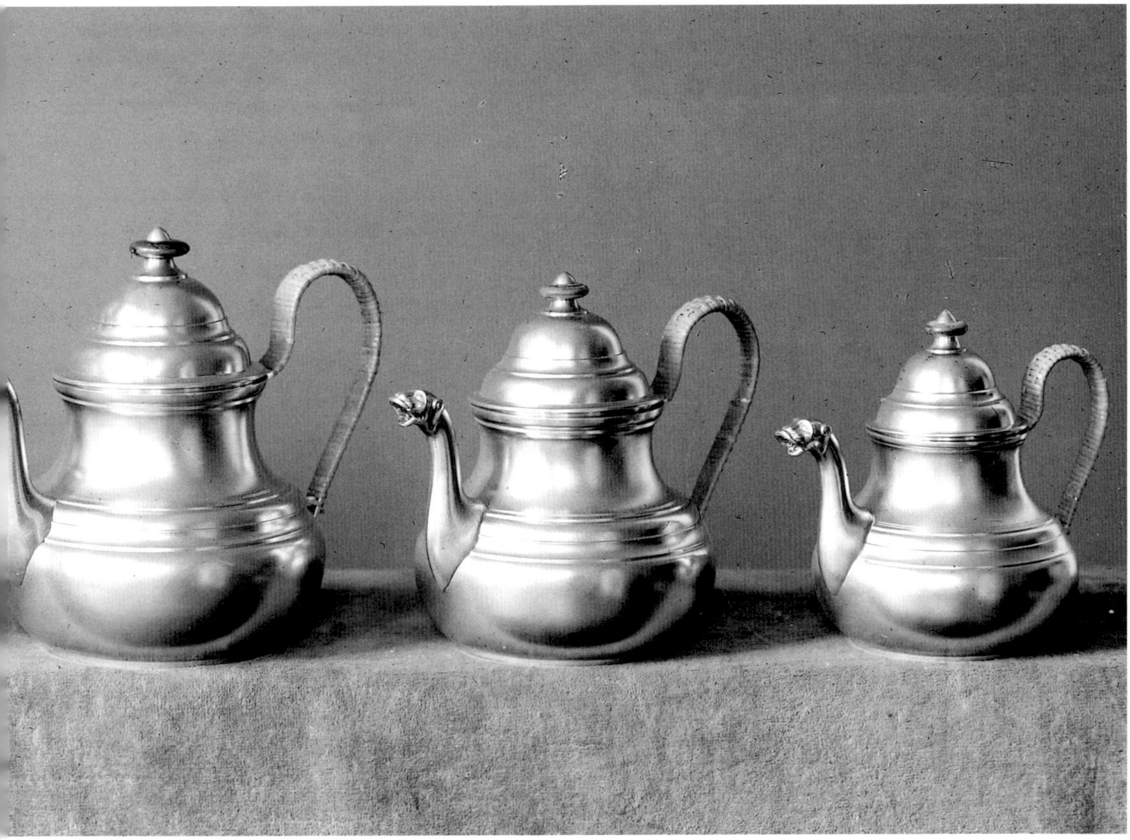

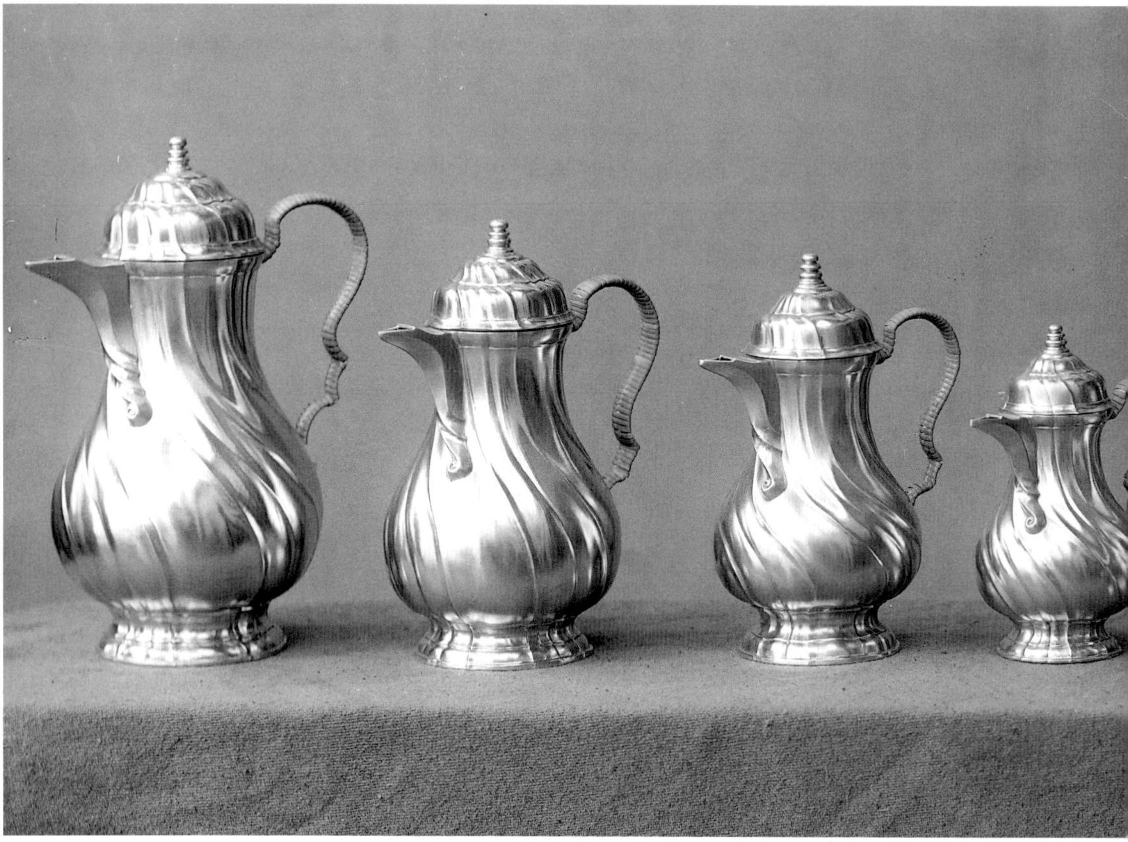

Von links nach rechts:
Modellnr. 258, H. 25 cm, 1,5 l
Modellnr. 278, H. 21,5 cm, 0,9 l
Modellnr. 250, H. 20 cm, 0,6 l
Modellnr. 251, H. 16 cm, 0,3 l
Modellnr. 259, H. 15,5 cm, 0,5 l
Modellnr. 184, H. 13,5 cm, 0,3 l
Modellnr. 254, H. 15 cm, 0,35 l
Modellnr. 255, H. 12 cm, 0,15 l

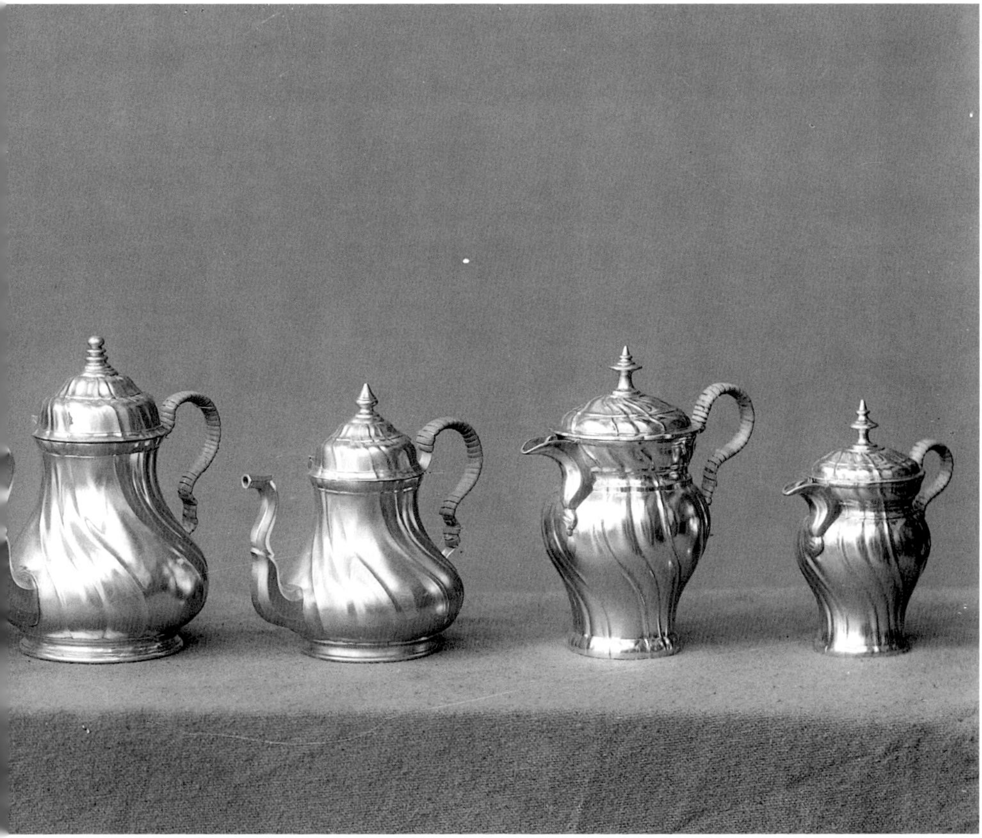

TEE-SERVICE, NACH ENTWURF VON WOLGANG VON WERSIN

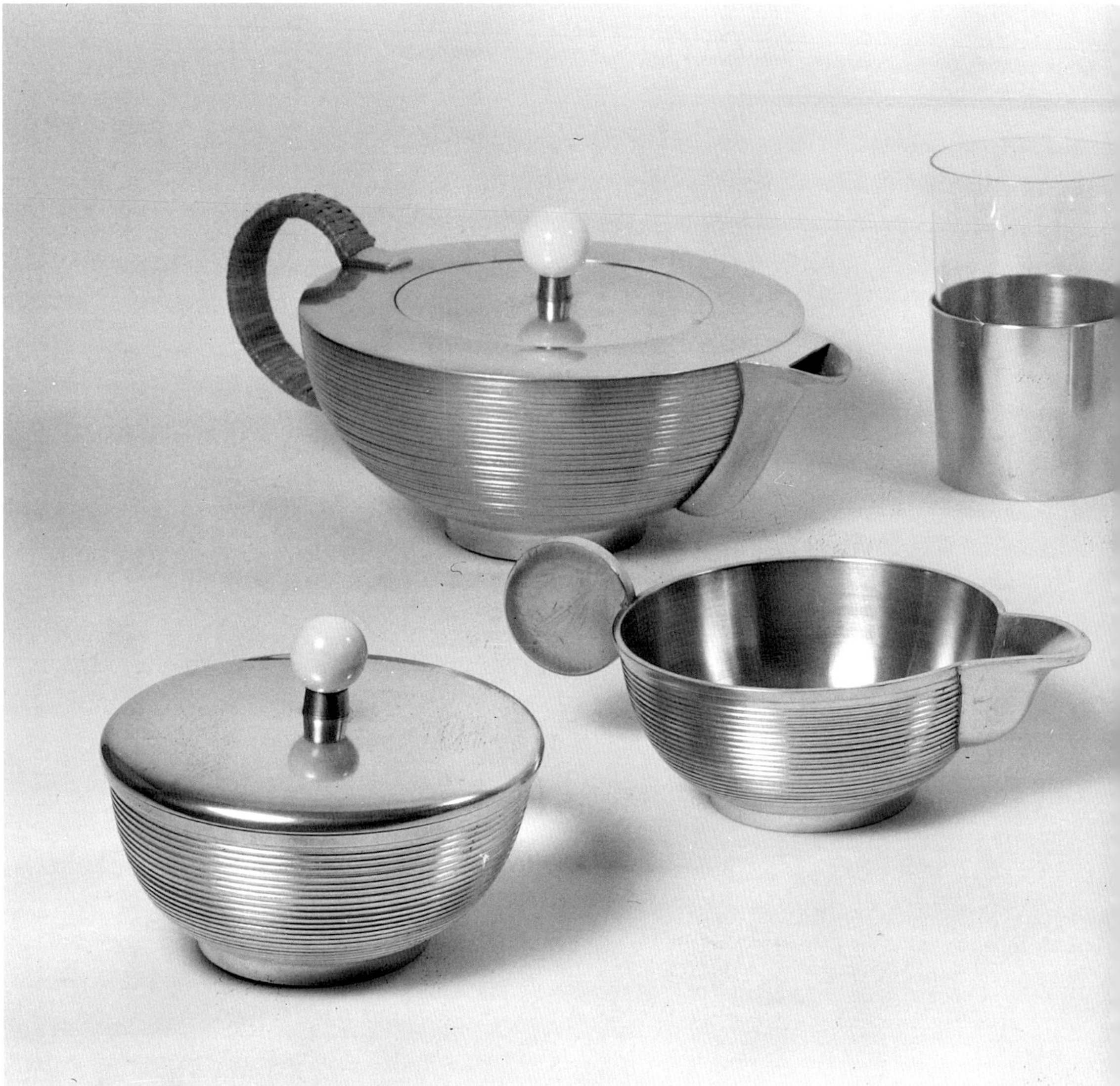

Von links nach rechts:
Dose, Modellnr. 1804a, H. 6,5 cm, Dm. 9,4 cm
Gießer, Modellnr. 1803a, H. 5,5 cm, 0,15 l
Teekanne, Modellnr. 1673c, H. 9,5 cm, 0,5 l
Teegläser, Modellnr. 1859 und 1859a, H. 9,8 cm, 0,2 l
Teetasse, Modellnr. 98a, Dm. 9,3 cm

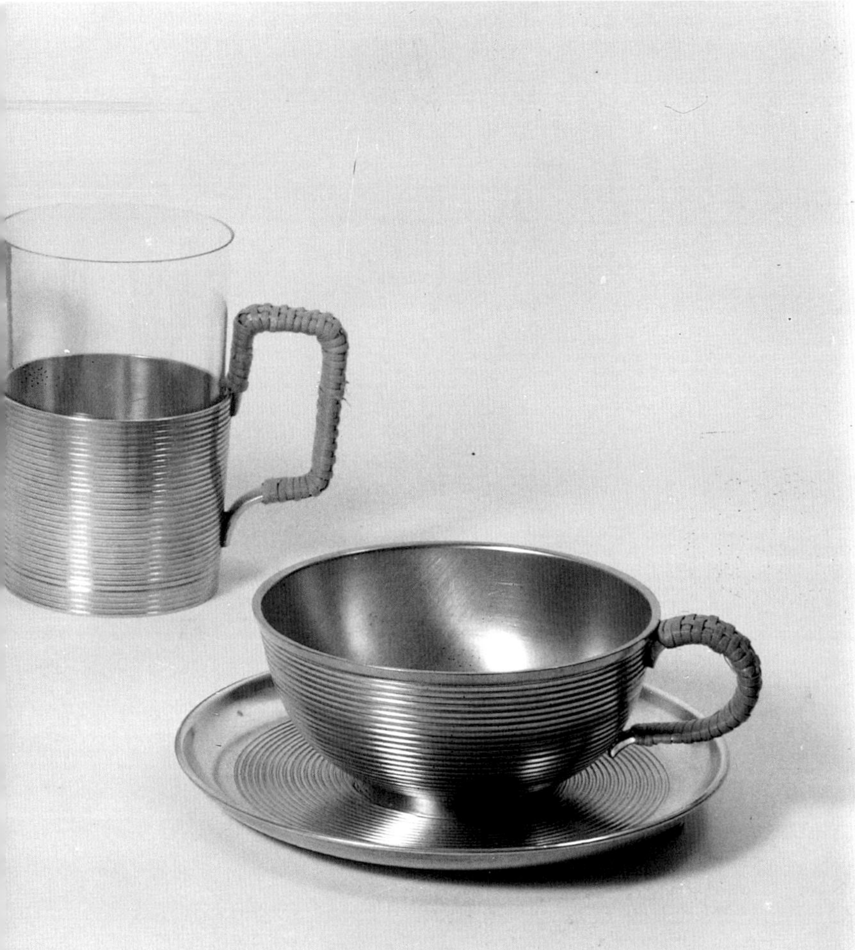

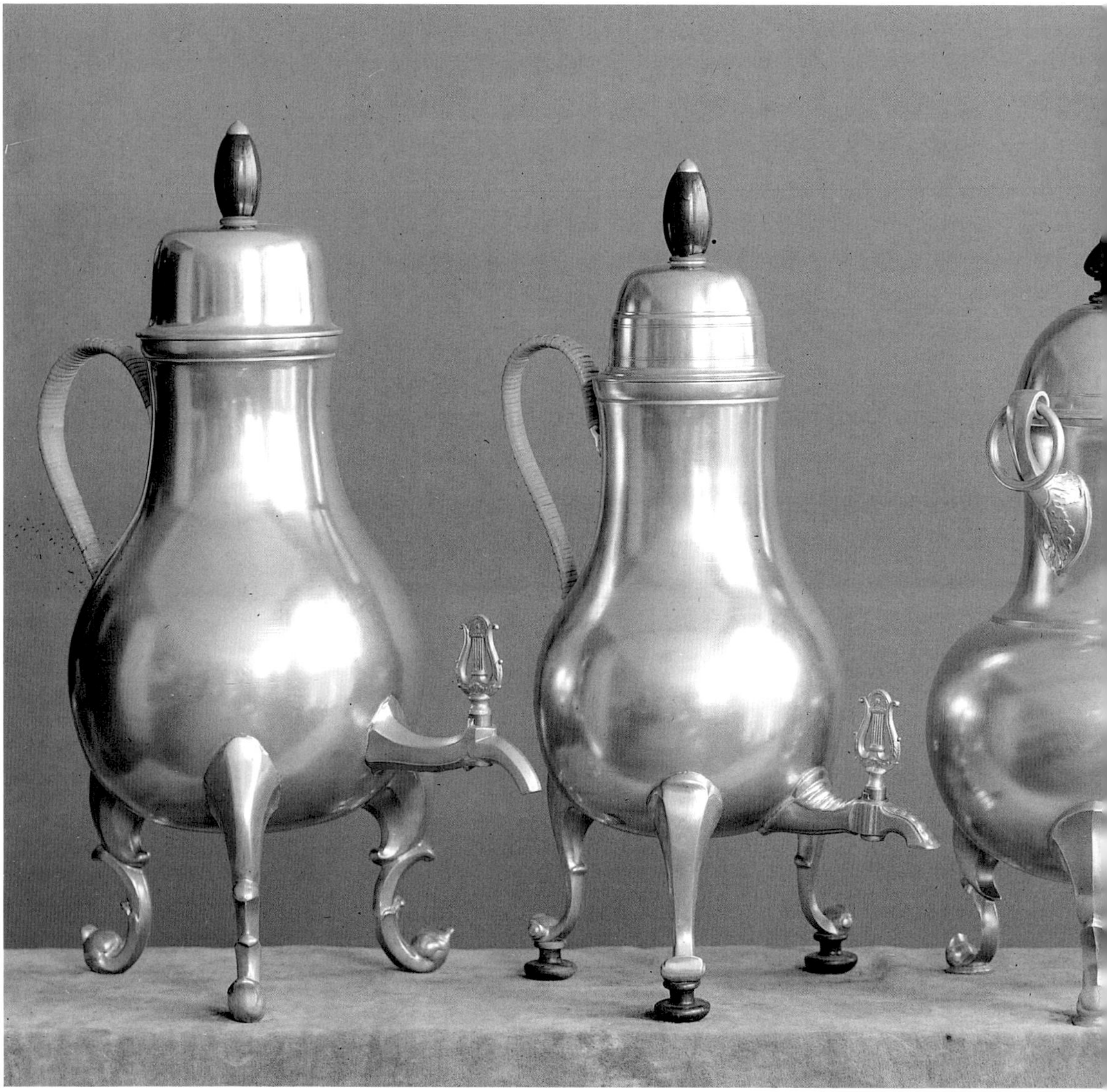

Von links nach rechts:
Modellnr. 1495, H. 44 cm, 3,75 l
Modellnr. 1496, H. 42 cm, 2 l
Modellnr. 1497, H. 38,5 cm, 3 l
Modellnr. 704, H. 36 cm, 3,5 l
Modellnr. 727, H. 36 cm, 4 l

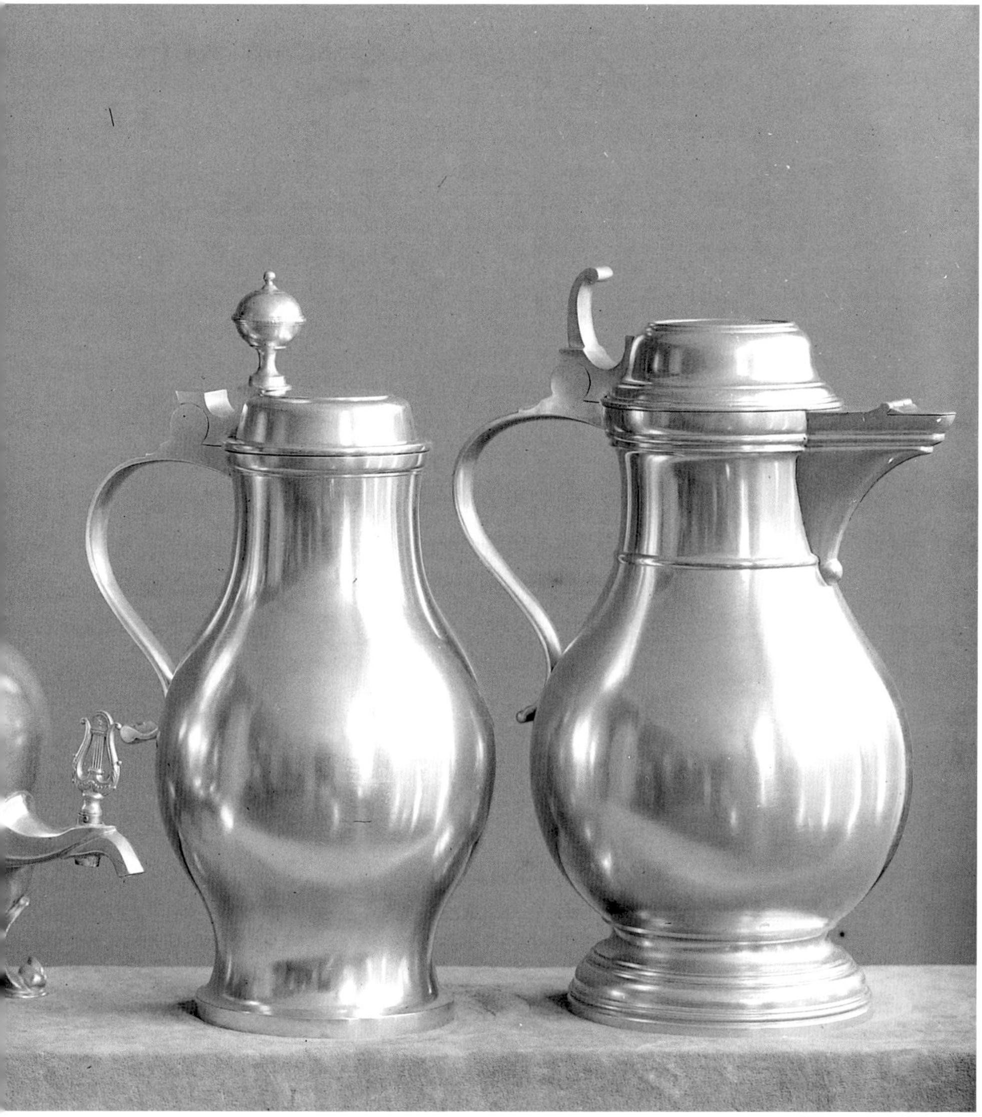

WEINKRÜGE, NACH ENTWURF VON WOLFGANG VON WERSIN

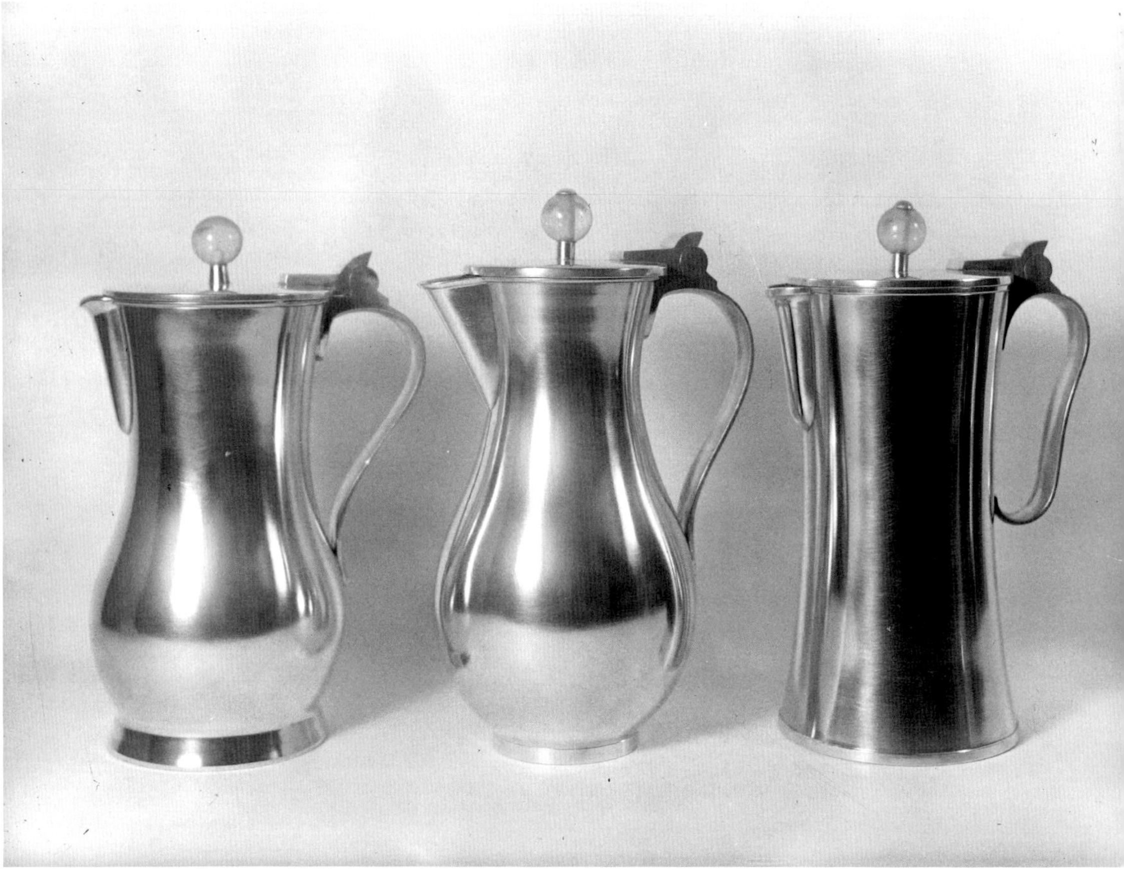

Von links nach rechts:
Modellnr. 1885, H. 26,5 cm, 1,6 l
Modellnr. 1894, H. 27 cm, 1,6 l
Modellnr. 1903, H. 26 cm, 1,7 l

WEIN-SERVICE, NACH ENTWURF VON RICHARD WIEDAMANN SEN.

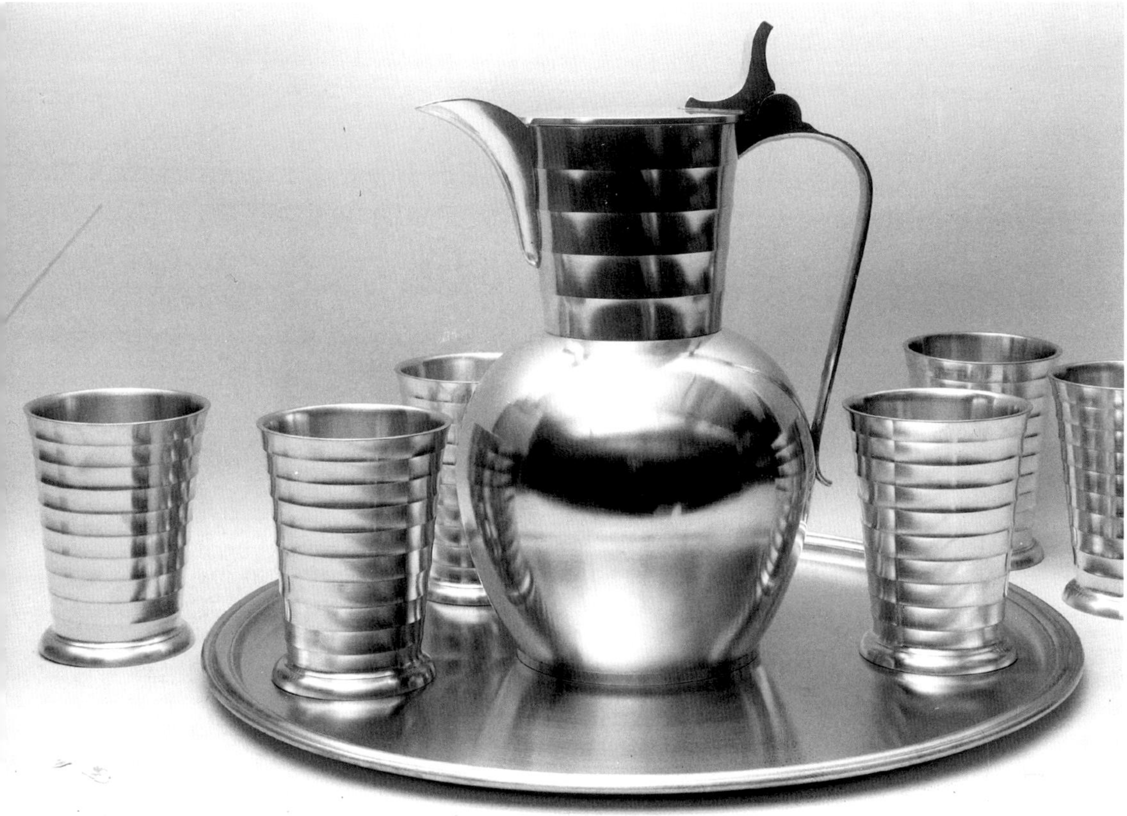

Kanne: Modellnr. 1865, H. 32 cm, 4,0 l
Becher: Modellnr. 1757, H. 12,8 cm, 0,55 l
Tablett: Modellnr. 45, Dm. 45 cm

BECHER

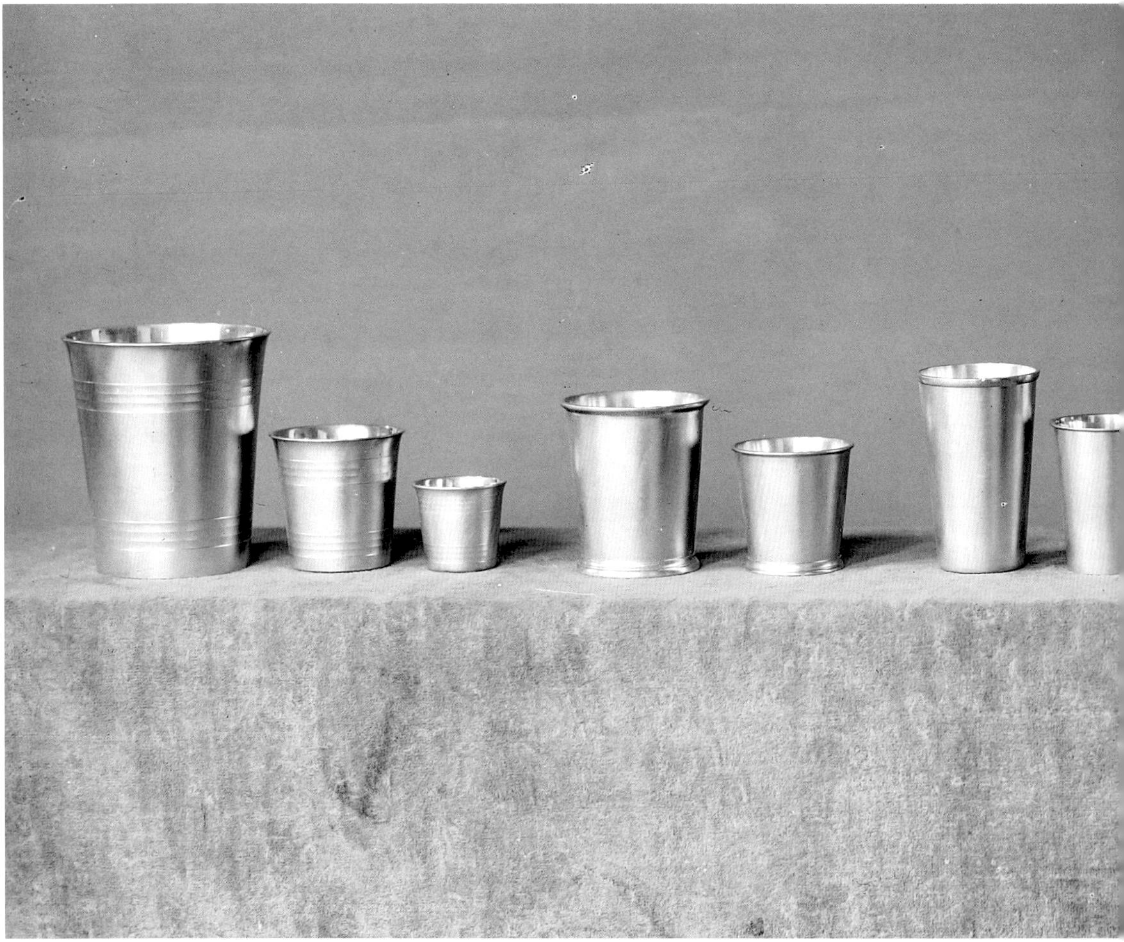

Von links nach rechts:
Modellnr. 1582, Dm. 10,7 cm, H. 7,6 cm, 0,51 l
Modellnr. 1588, Dm. 6,9 cm, H. 6,5 cm, 0,25 l
Modellnr. 1590, Dm. 4,7 cm, H. 4,3 cm, 0,04 l
Modellnr. 739, Dm. 7,2 cm, H. 8,4 cm, 0,2 l
Modellnr. 744, Dm. 6 cm, H. 6 cm, 0,1 l
Modellnr. 767, Dm. 6,2 cm, H. 9,5 cm, 0, 16 l
Modellnr. 768, Dm. 5,2 cm, H. 7,2 cm, 0,1 l
Modellnr. 757, Dm. 5,5 cm, H. 8 cm, 0,1 l
Modellnr. 1568, Dm. 4,2 cm, H. 3,5 cm, 0,03 l
Modellnr. 1510, Dm. 4,7 cm, H. 7 cm, 0,1 l
Modellnr. 1334, Dm. 8 cm, H. 14 cm, 0,35 l
Modellnr. 1553, Dm. 4,4 cm, H. 5,7 cm, 0,04 l
Modellnr. 1423, Dm. 8,8 cm, H. 11 cm, 0,35 l

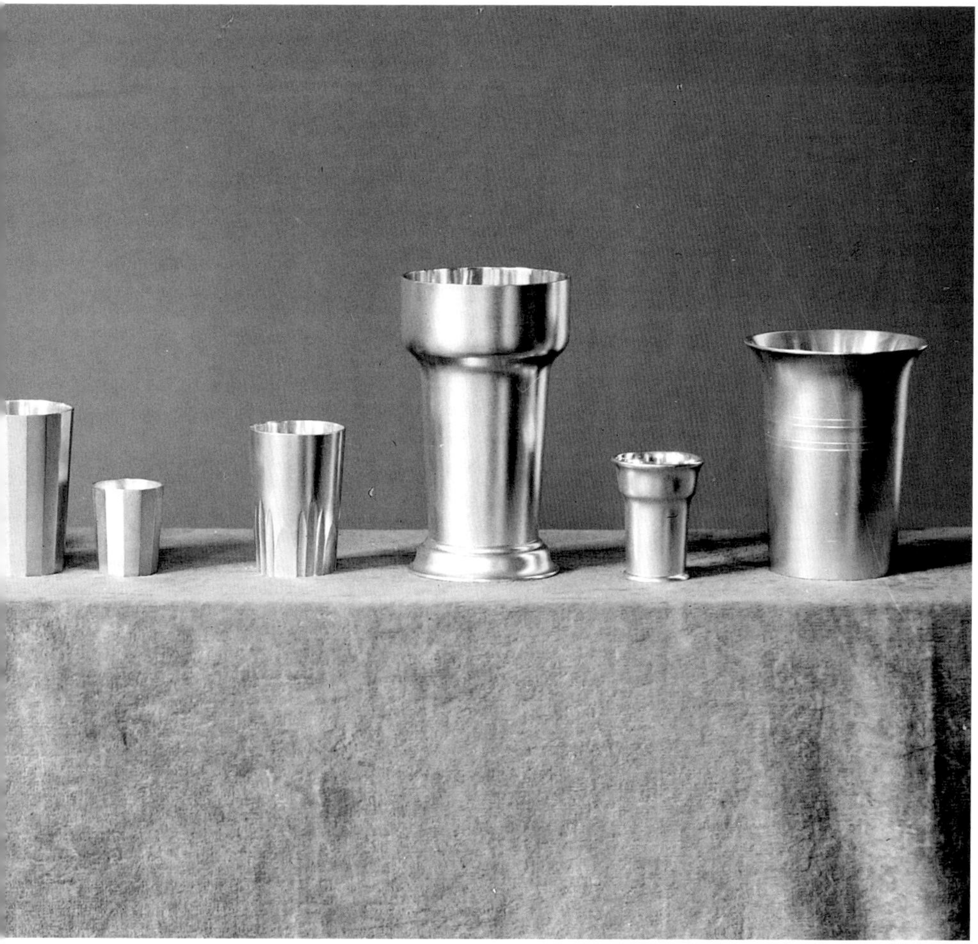

BECHER, NACH ENTWURF VON WOLFGANG VON WERSIN

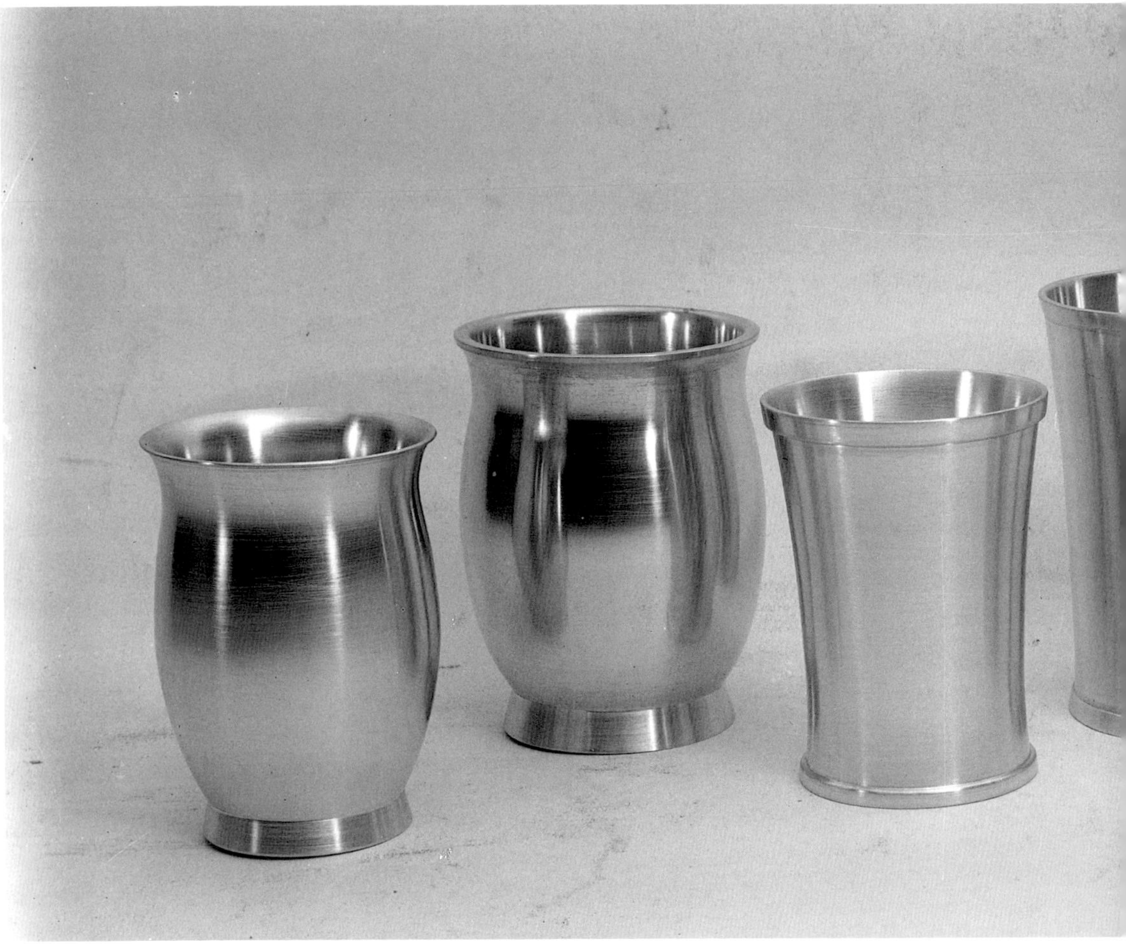

Von links nach rechts:
Modellnr. 1897,H. 90 cm
Modellnr. 1898, H. 10,2 cm
Modellnr. 1906, H. 9 cm
Modellnr. 1907, H. 10,7 cm
Modellnr. 1888, H. 8,8 cm
Modellnr. 1889, H. 10 cm

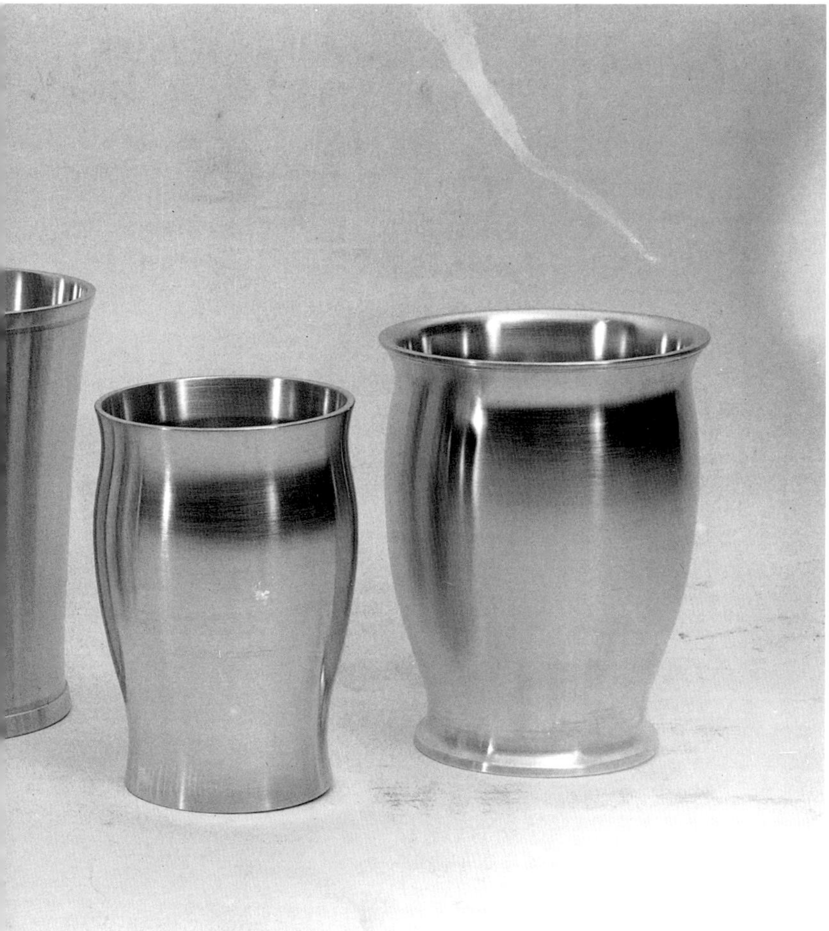

VASEN

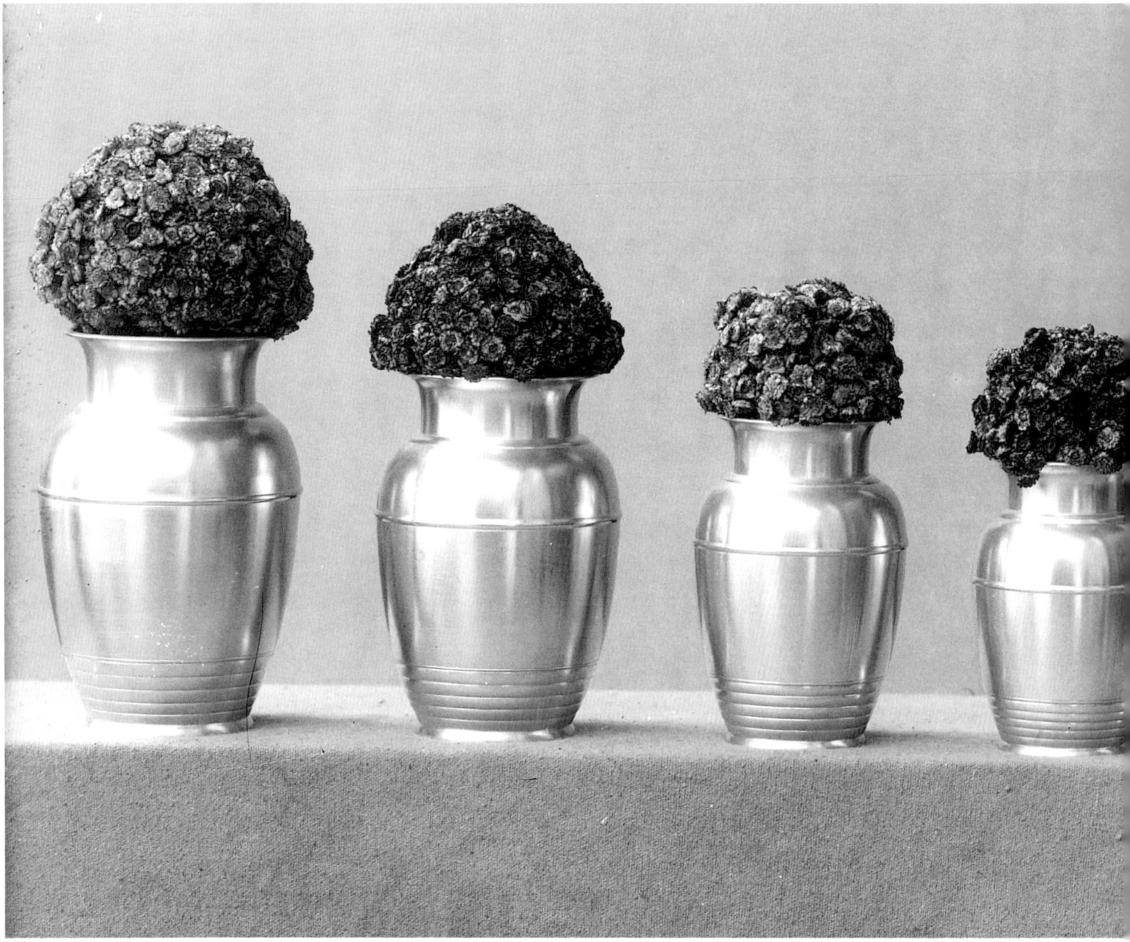

Von links nach rechts:
Modellnr. 825, H. 21 cm
Modellnr. 826, H. 19 cm
Modellnr. 827, H. 17 cm
Modellnr. 828, H. 15,4 cm
Modellnr. 829, H. 13 cm
Modellnr. 830, H. 10,7 cm
Modellnr. 835, H. 13 cm
Modellnr. 836, H. 10,7 cm

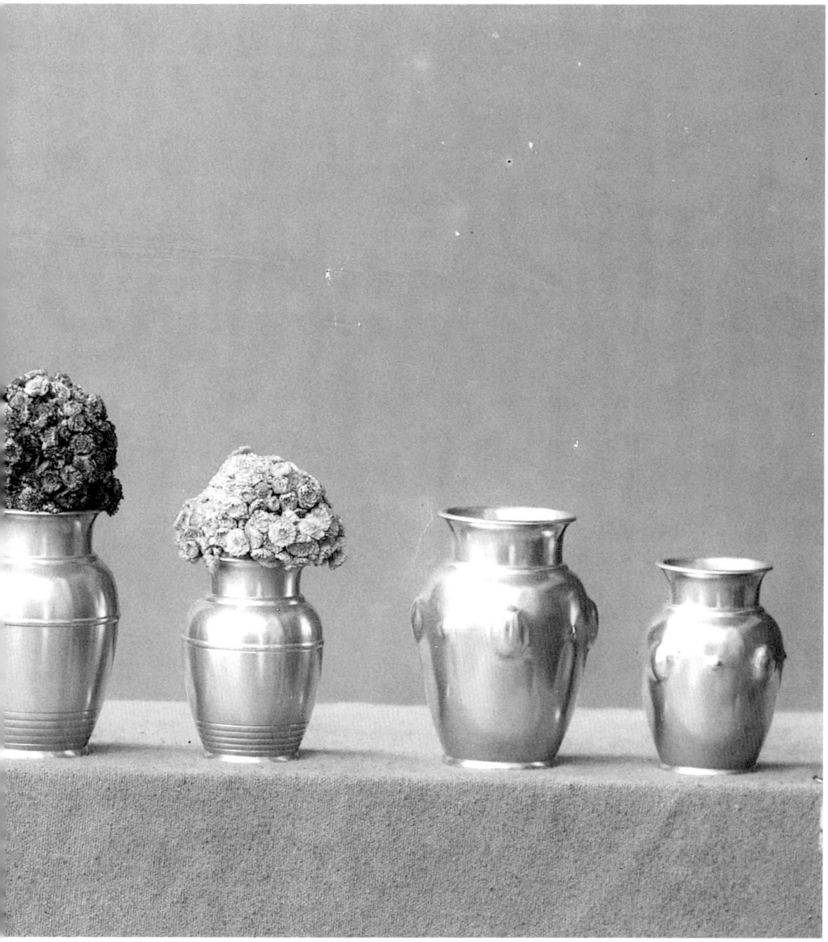

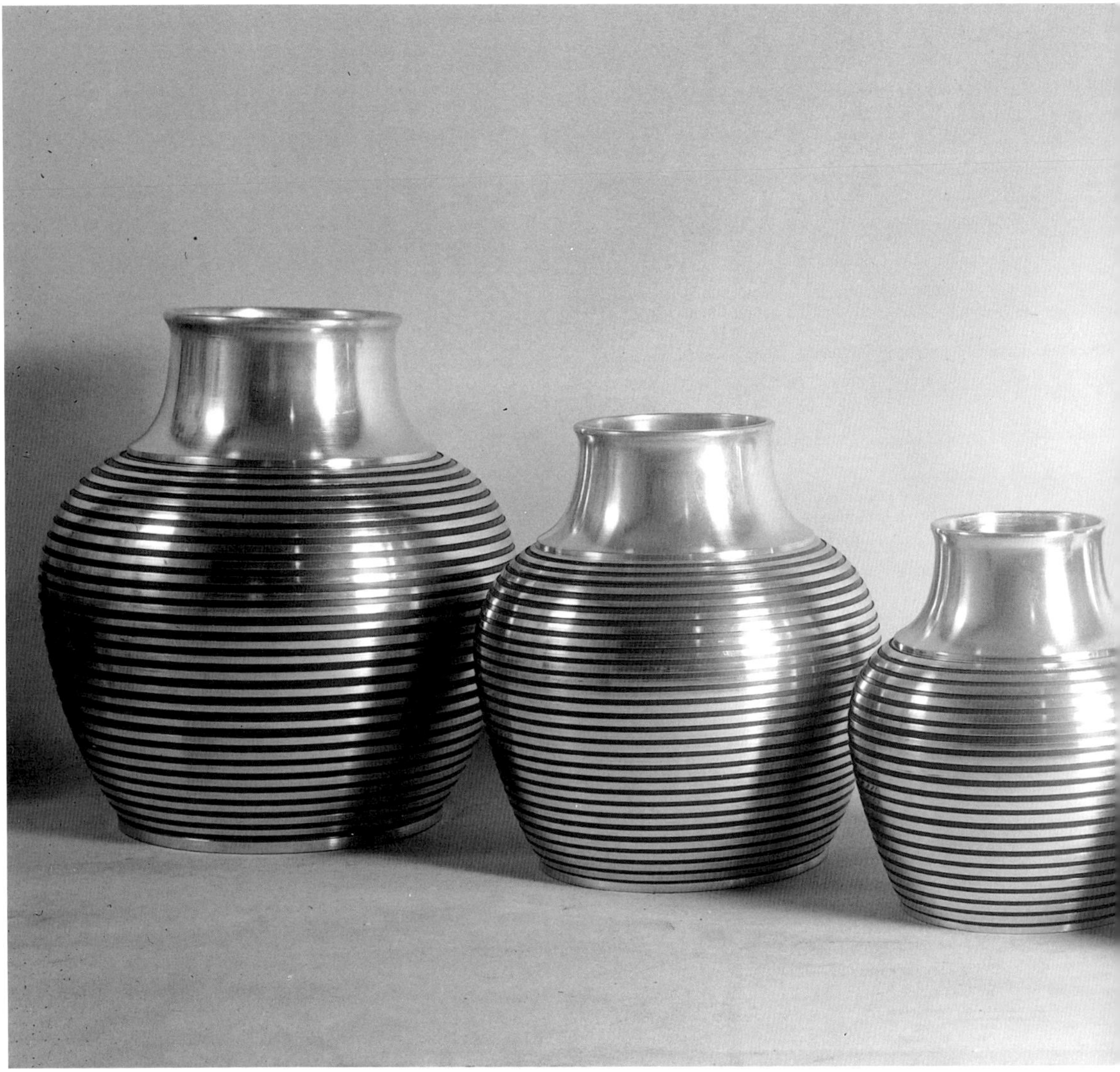

Von links nach rechts:
Modellnr. 1832g, H. 20 cm, Dm. 18 cm
Modellnr. 1833g, H. 16,5 cm, Dm. 15 cm
Modellnr. 1834g, H. 13,5 cm, Dm. 12,5 cm
Modellnr. 1835g, H. 10,2 cm, Dm. 9,2 cm
Modellnr. 1836g, H. 6,8 cm, Dm. 5,5 cm
Dahinter: Modellnr. 1833, H. 16,5 cm, Dm. 15 cm

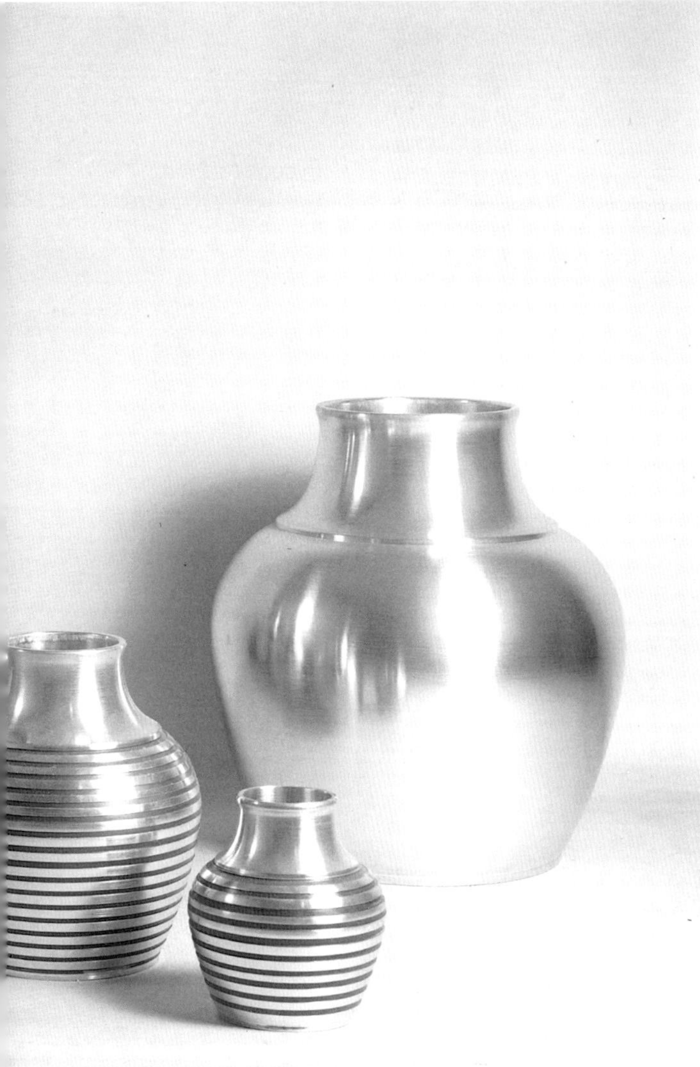

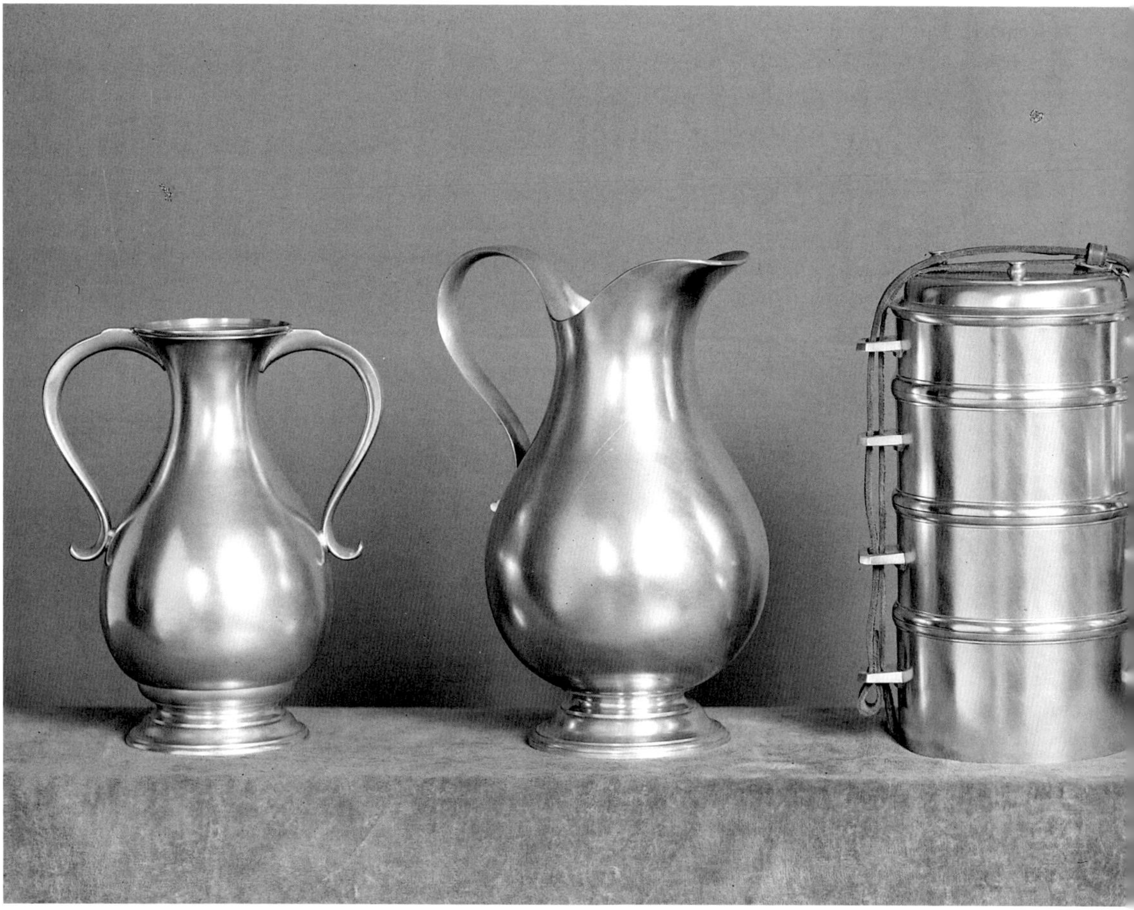

Von links nach rechts:
Vase, Modellnr. 1251, H. 26.5 cm
Kanne, Modellnr: 1336, H. 28 cm, 2,5 l
Speisenträger, 5-teilig, Modellnr. 1428, Dm. 18 cm, H. 27,5 cm
Speisekessel, Modellnr. 74, Dm. 28,5 cm, H. 13,5 cm, 6 l

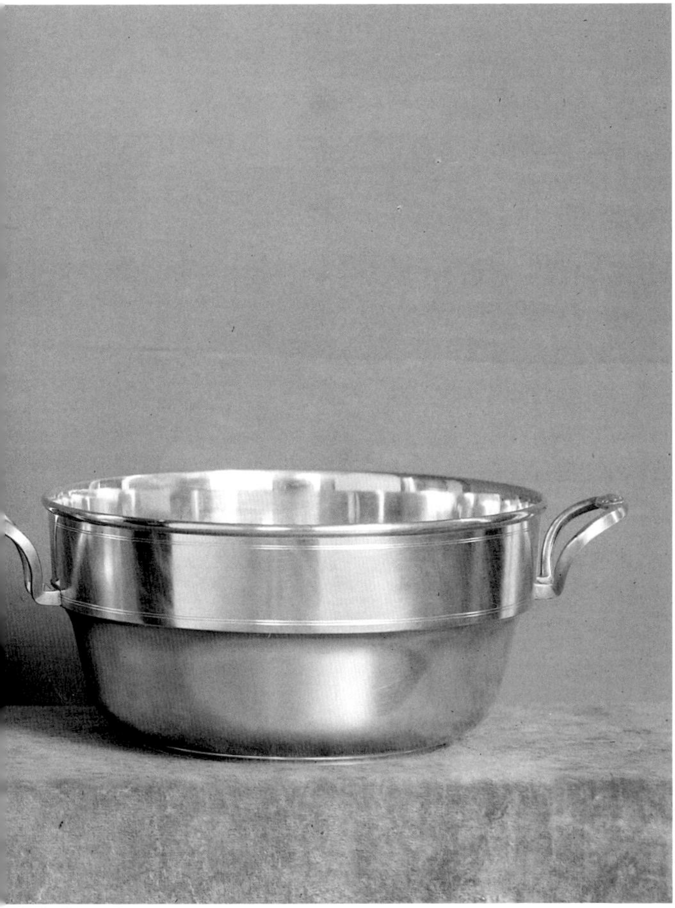

SERVICE, NACH ENTWURF VON CHRISTIAN METZGER

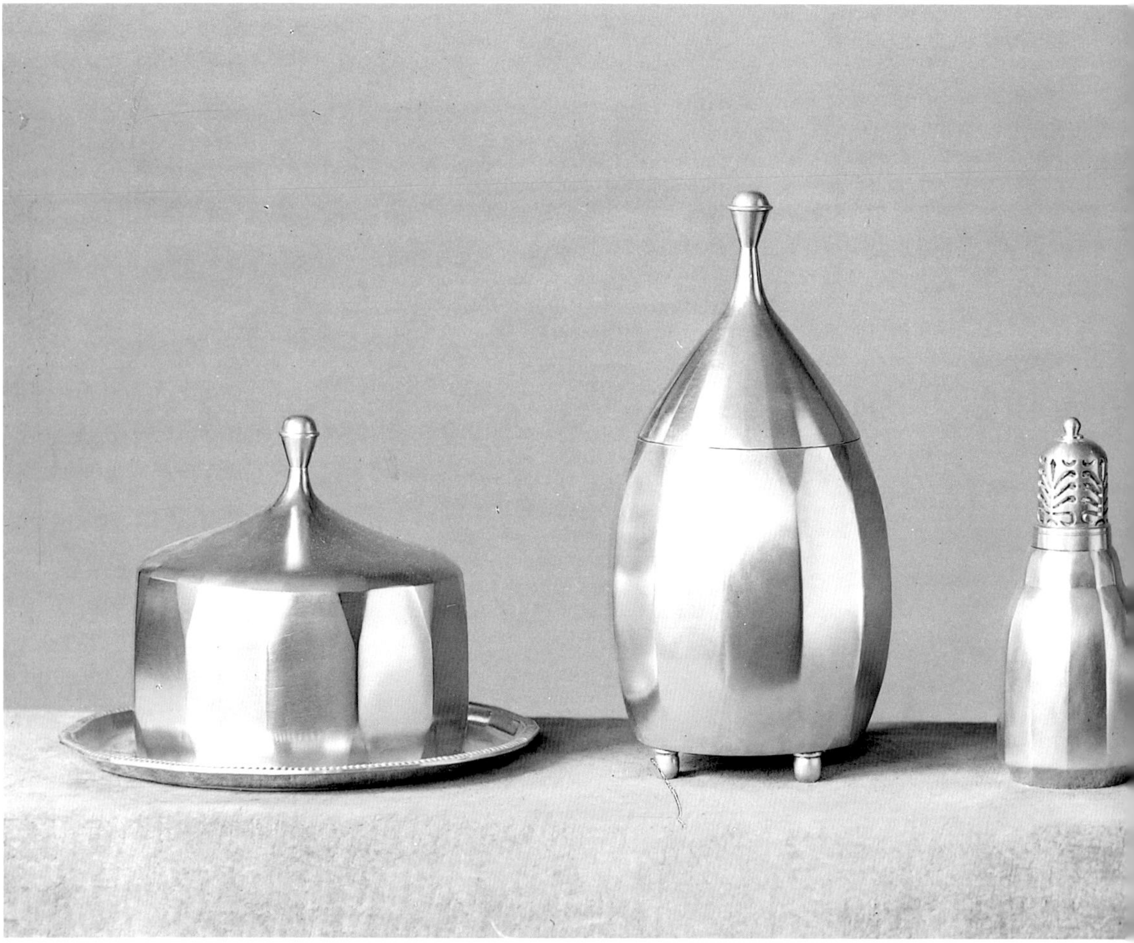

Von links nach rechts:
Butterglocke, nach Entwurf von Chr. Metzger, Modellnr. 851, Dm. 21,3 cm, H. 17,5 cm
Keksdose, Modellnr. 850, Dm. 12,5 cm, H. 25,5 cm
Zuckerstreuer, Modellnr. 852, Dm. 6,5 cm, H. 16 cm
Kästchen, Modellnr. 1558, B. 9,8 cm, H. 7,8 cm
Eiergerät, Modellnr. 1546, B. 13 cm, H. 7 cm
Aschenschale, Modellnr. 1570, Dm. 15 cm, H. 12,5 cm

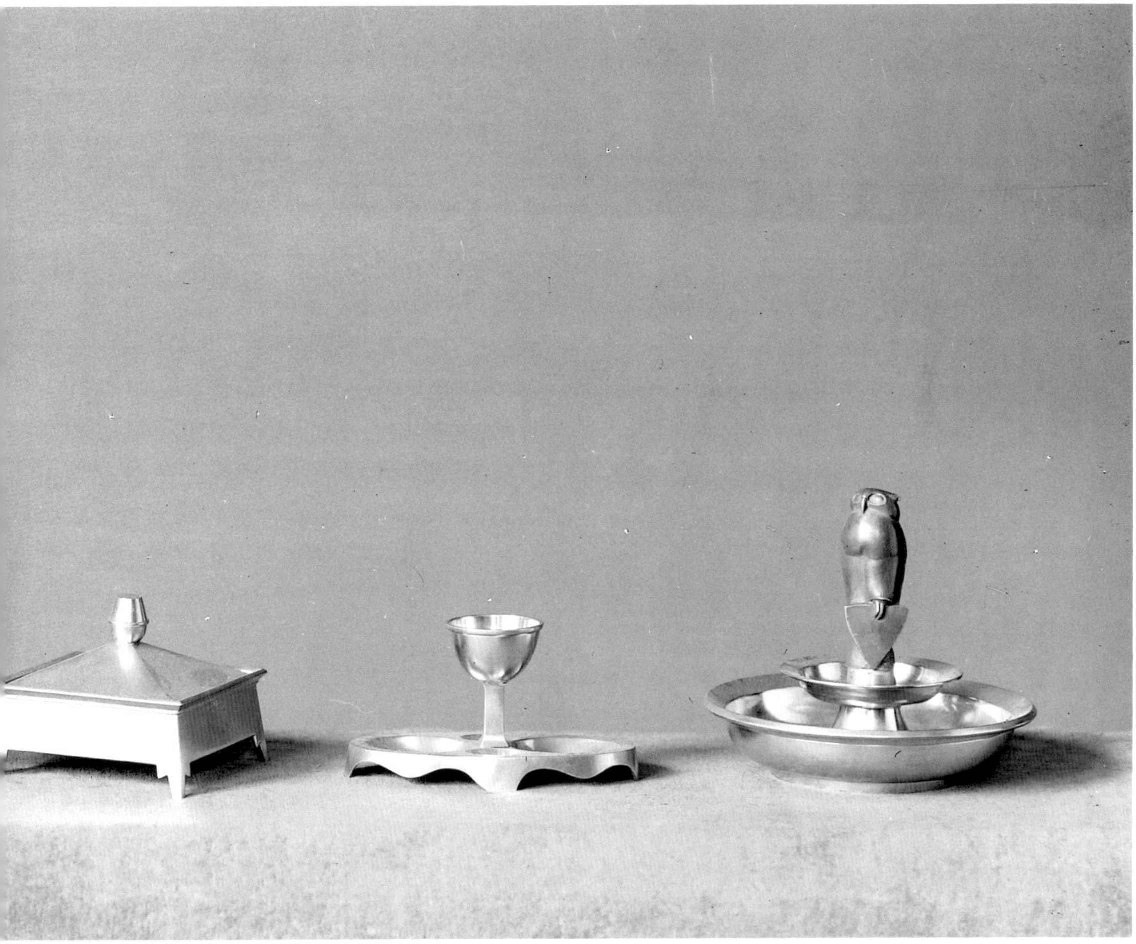

WASCHGERÄT FÜR LITURGISCHEN GEBRAUCH

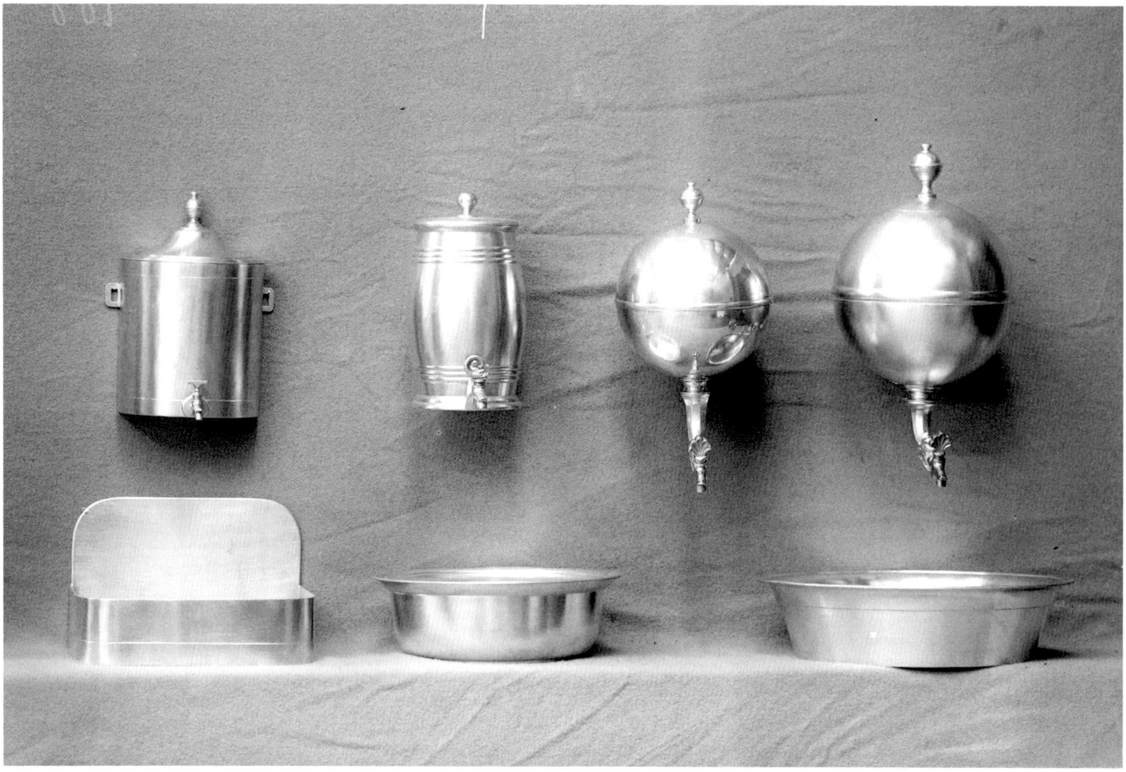

Von links nach rechts:
Wasserbehälter, Modellnr. 960, L. 16 cm, B. 12,5 cm, H. 20,5 cm, 1 l
Unterbecken, L. 22 cm, B. 17,5 cm, H. 14,5 cm, 2 l
Wasserbehälter, Modellnr. 411, L. 11 cm, B. 11,5 cm, H. 20 cm, 1,25 l
Unterbecken, L. 23 cm, H. 7,5 cm, 2 l
Wasserbehälter, Modellnr. 413, L. 15 cm, H. 23 cm, 1,5 l
Wasserbehälter, Modellnr. 414, L. 17 cm, H. 25 cm, 2,5 l
Unterbecken, L. 30 cm, H. 7,5 cm, 3 l

SCHREIBSET

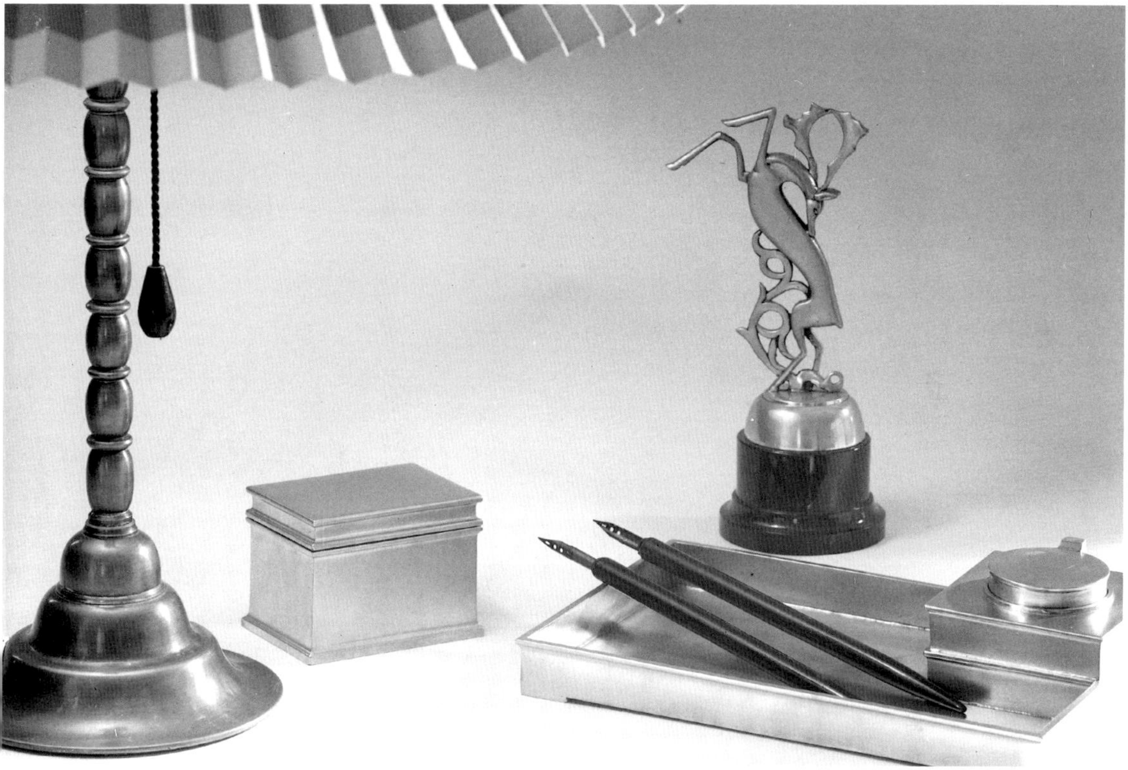

Von links nach rechts:
Lampenfuß, Modellnr. 1512, H. 30,5 cm
Kästchen, Modellnr. 1626, L. 12,6 cm, B. 2,5 cm
Briefbeschwerer »Hirsch«, Modellnr. 1300, H. 18,5 cm
Schreibzeug, Modellnr. 1624, L. 22,6 cm, B. 14 cm, nach Entwurf von Wolfgang von Wersin

SCHREIBSET, NACH ENTWURF VON OTTO ROTH

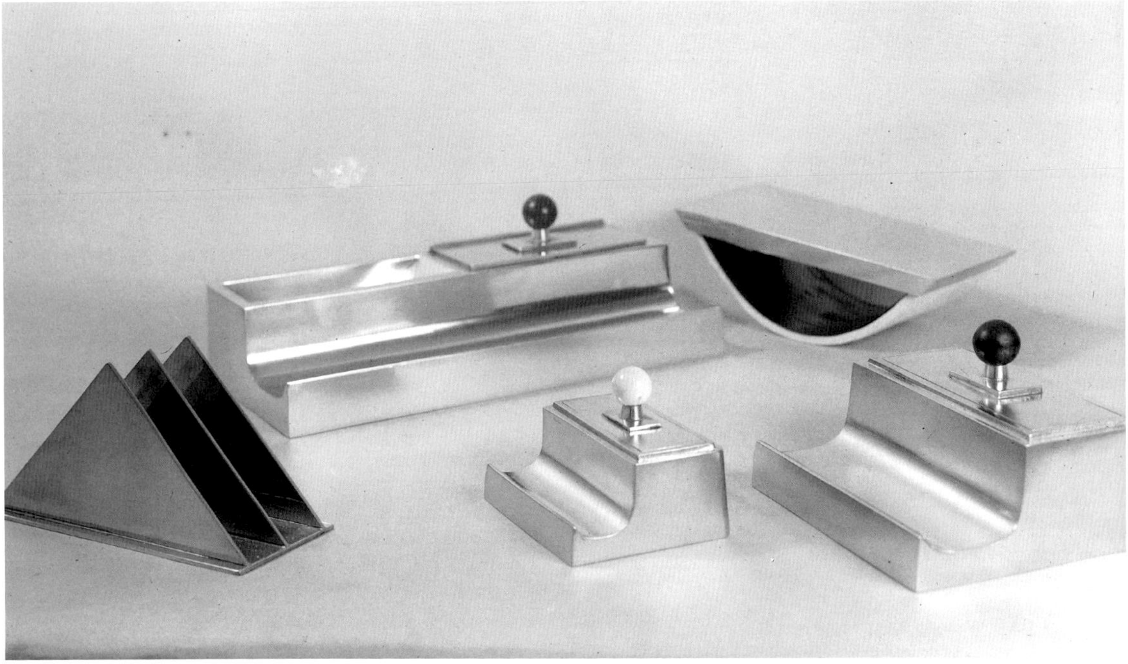

Von links nach rechts:
Kartenhalter, Modellnr. 1721, L. 13,5 cm, B. 5,5 cm
Schreibzeug, Modellnr. 1695, L. 23,5 cm, B. 10,5 cm
Löscher, Modellnr. 1722, L. 15,5 cm, B. 7,5 cm
Vorne: Schreibzeug, Modellnr. 1697, L. 7,5 cm, B. 6,5 cm
Schreibzeug, Modellnr. 1696, L. 11,5 cm, B. 10,5 cm

RAUCH-SERVICE

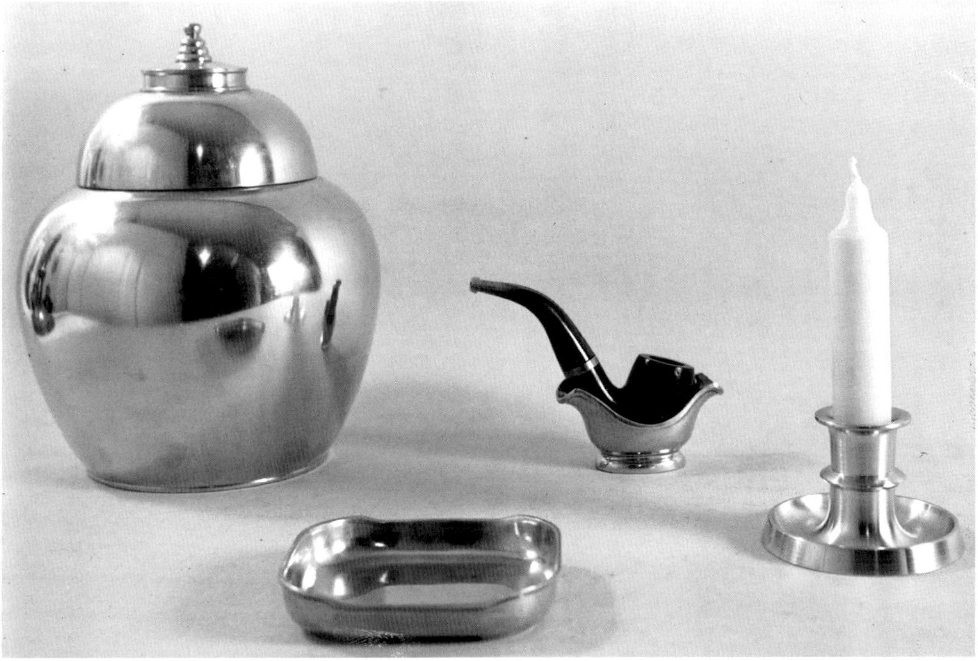

Von links nach rechts:
Tabakstopf, Modellnr. 1417, Dm. 18,5 cm
Ascher, Modellnr. 1698, L. 10,5 cm, B. 10,5 cm, nach Entwurf von Otto Roth
Pfeifenschale, Modellnr. 1344, L. 8,5 cm
Leuchter, Modellnr. 1549, Dm. 8,4 cm

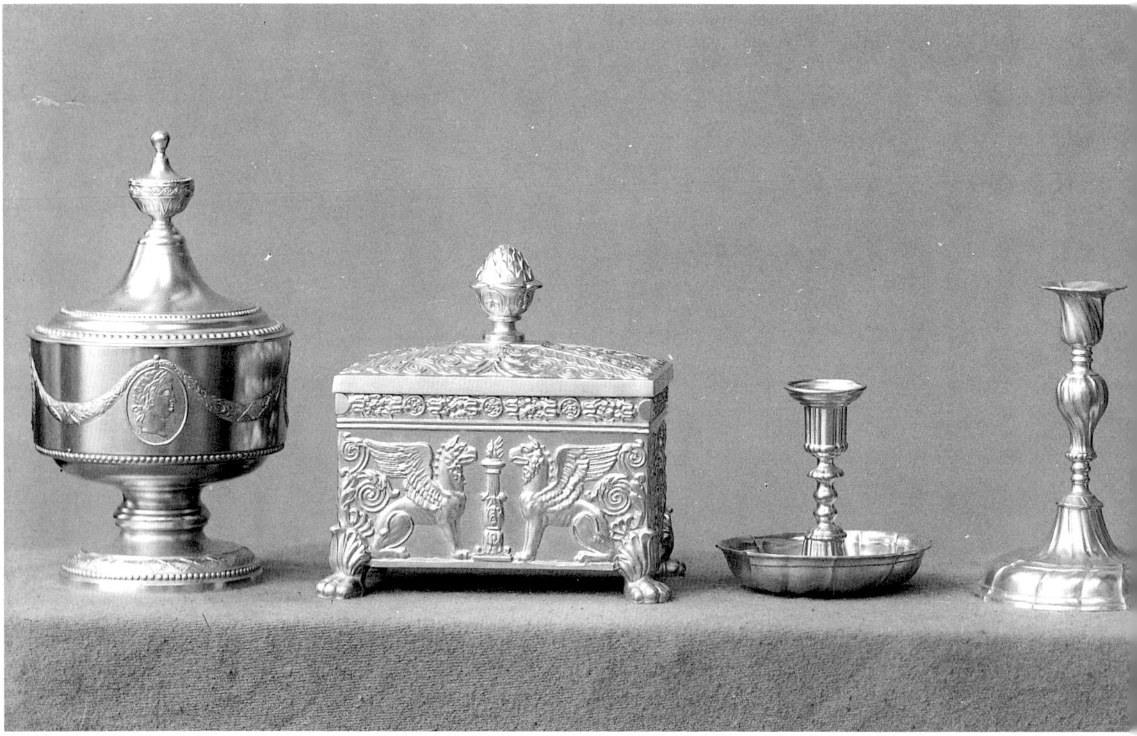

Von links nach rechts:
Tabakbehälter, rund, Modellnr. 275, Dm. 13,5 cm, H. 23 cm
Tabakbehälter, rechteckig, Modellnr. 276, L. 17,5 cm x B. 11 cm x H. 17,5 cm
Leuchter, Rokoko, Modellnr. 407, Dm. 11 cm, H. 10,5 cm
Leuchter, Rokoko, Modellnr. 406, Dm. 10,8 cm, H. 15,5 cm
Leuchter, Rokoko, Modellnr. 404, Dm. 13,5 cm, H. 18,5 cm
Leuchter, Rokoko, Modellnr. 405, Dm. 13,5 cm, H. 16 cm
Leuchter, Rokoko, mit Rehstange, Modellnr. 429, Dm. 13,5 cm, H. 25 cm

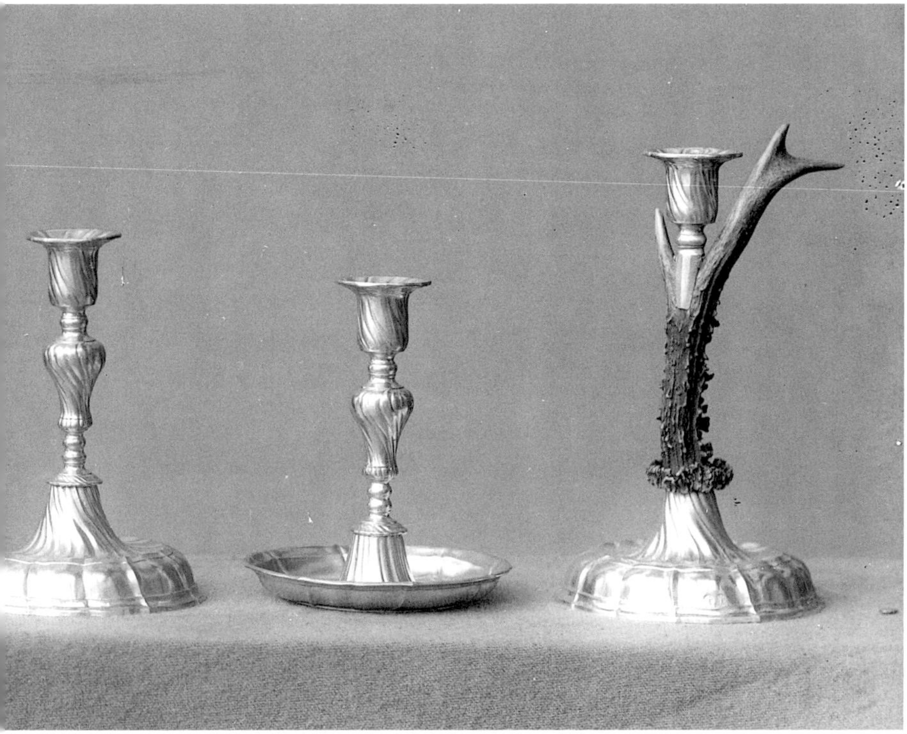

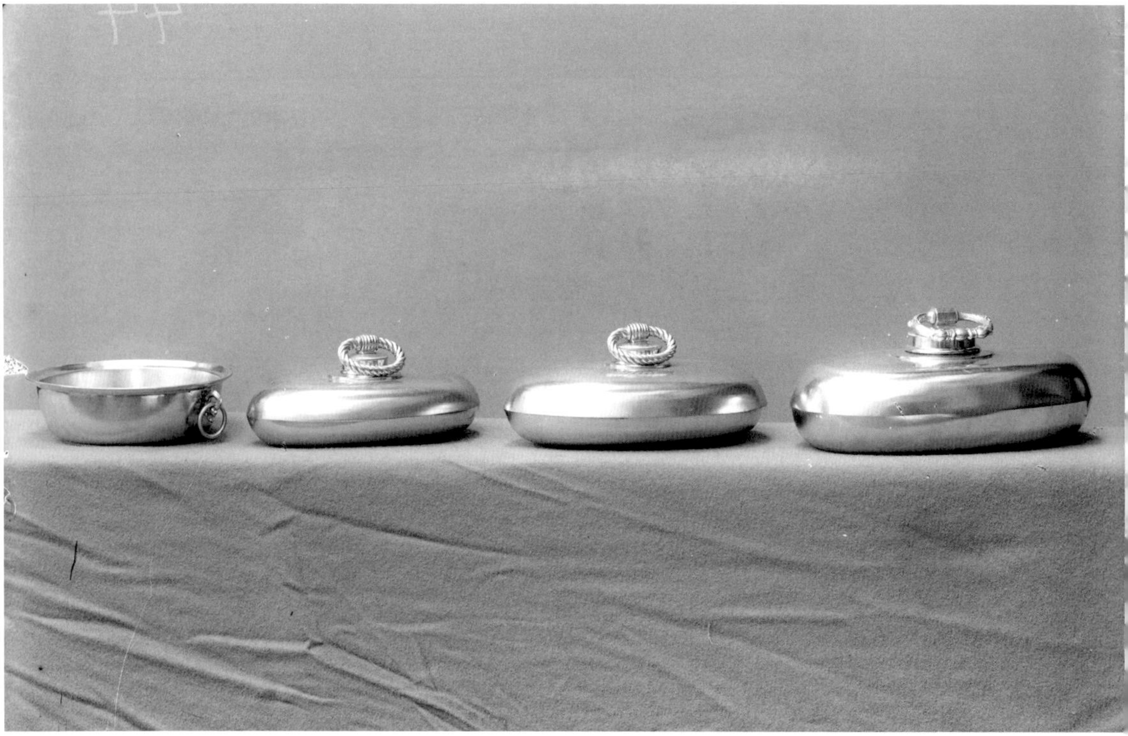

Von links nach rechts:
Modellnr. 63a, L. 23 cm, H. 7,5 cm, 2 l
Modellnr. 120, L. 25 cm, B. 15,5 cm, H. 6 cm, 1,5 l
Modellnr. 119, L. 27 cm, B. 18 cm, H. 7 cm, 2,25 l
Modellnr. 118, L. 31 cm, B. 20 cm, H. 8,5 cm, 3,75 l

SCHALEN

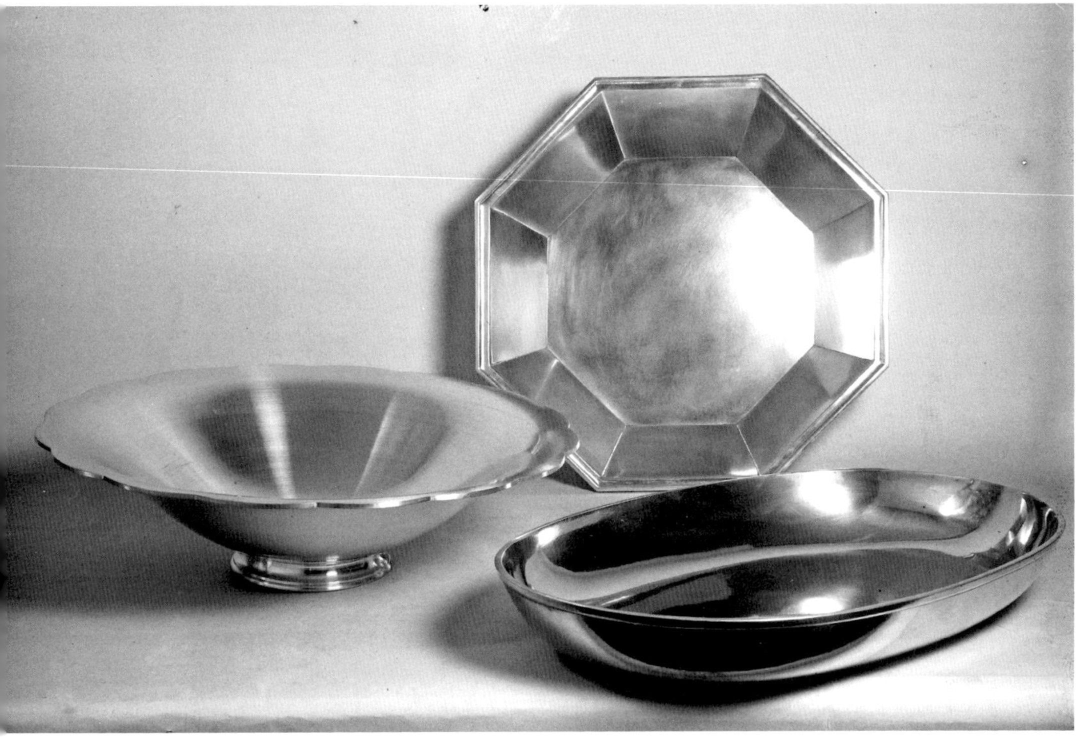

Von links nach rechts:
Modellnr. 1688, Dm. 30 cm
Modellnr. 1690, Dm. 30 cm
Modellnr. 1725, L. 32,8 cm, B. 22,4 cm

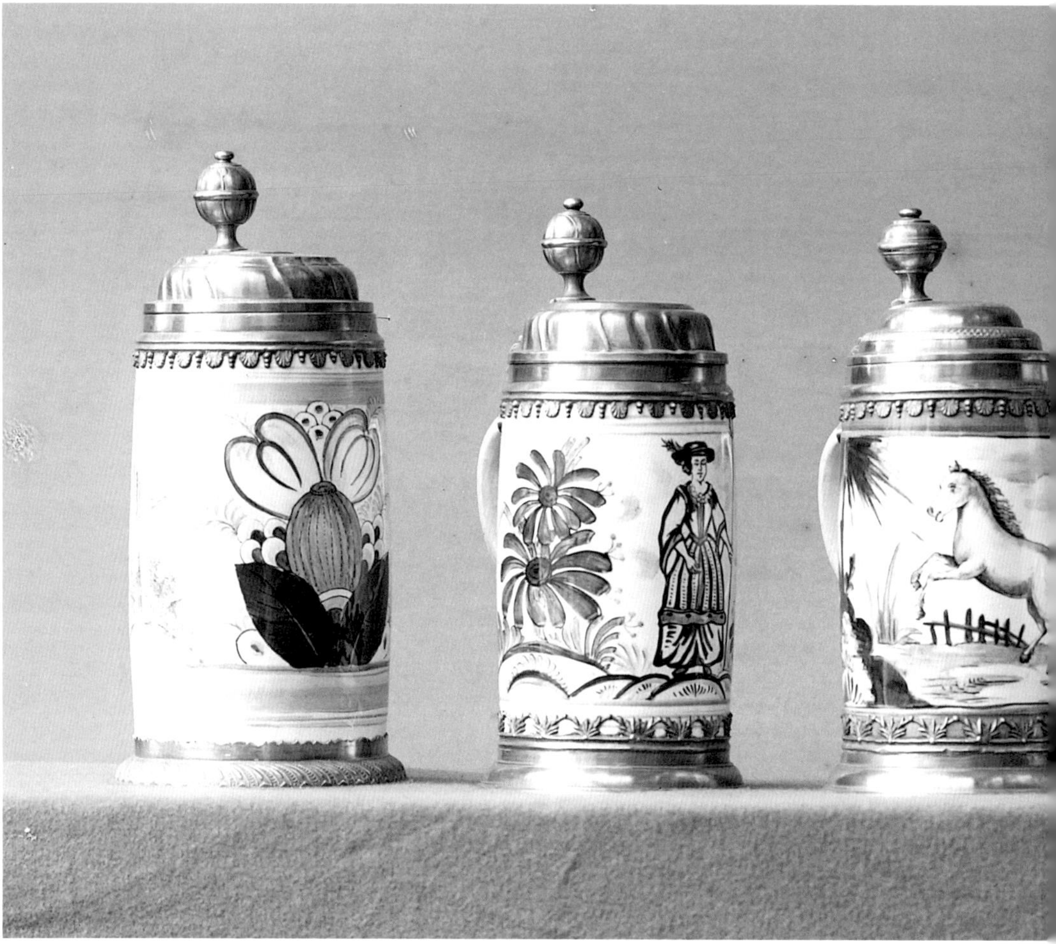

Von links nach rechts:
Modellnr. 678, H. 29,5 cm
Modellnr. 679, H. 27,5 cm
Modellnr. 680, H. 26,5 cm
Modellnr. 669, H. 25 cm
Modellnr. 681, H. 21,5 cm
Modellnr. 689, Kokosnuss als Pokal, H. 32 cm
Modellnr. 690, Kokosnuss als Dose, H. 15 cm

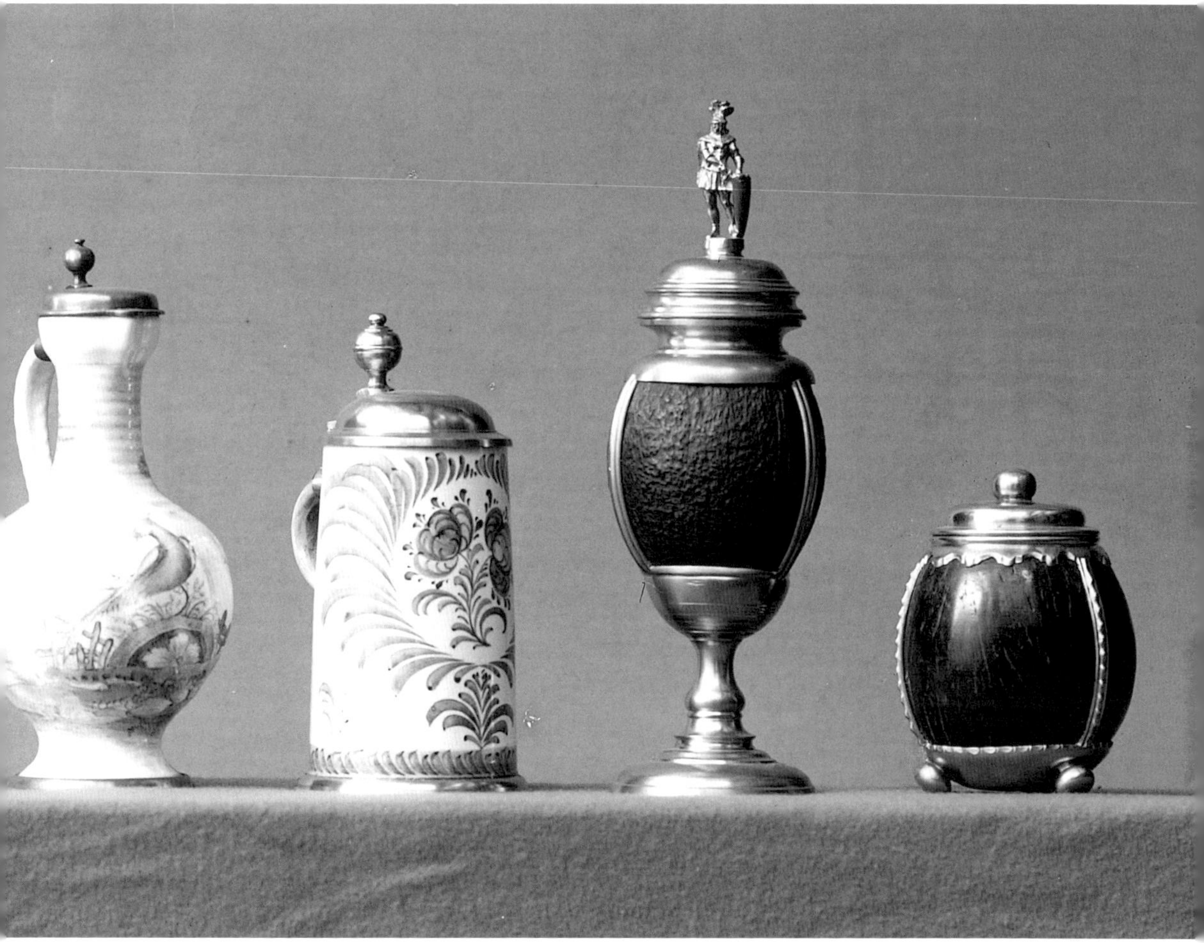

ZIERTELLER

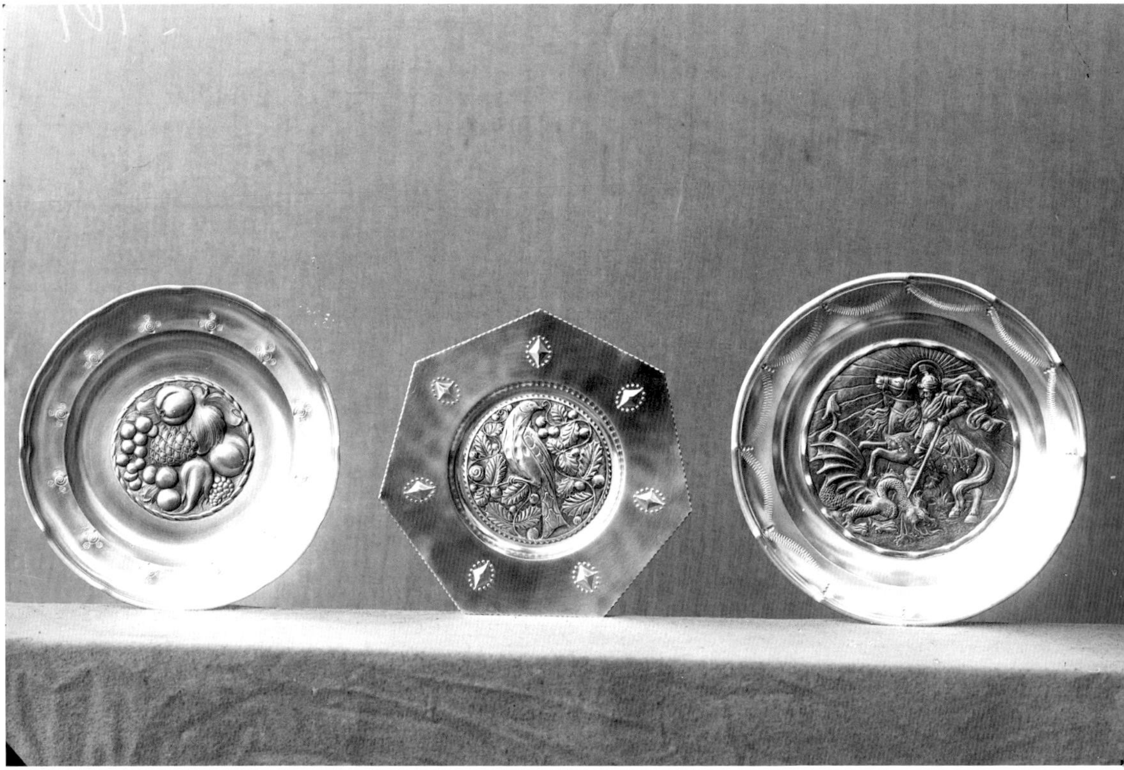

Von links nach rechts:
Modellnr. 461, Dm. 31,8 cm
Modellnr. 462, Dm. 30 cm
Modellnr. 458, Dm. 34 cm

ZIERTELLER, NACH ENTWURF VON FRANZ ERMER

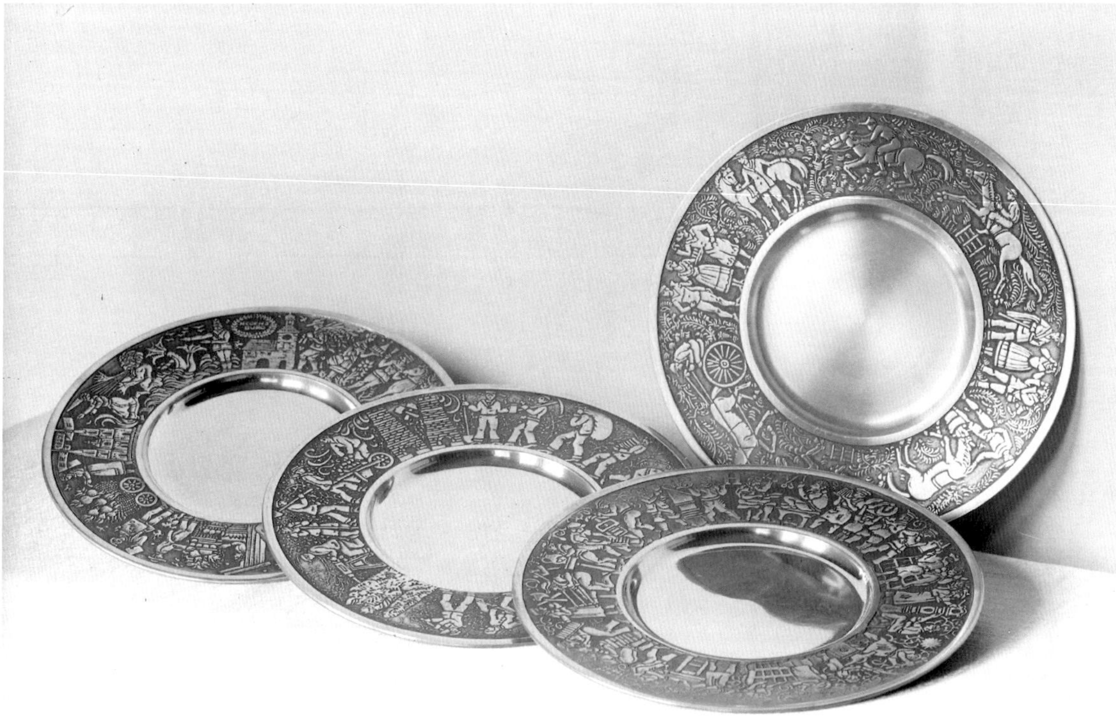

Von links nach rechts:
Modellnr. 1019, Dm. 25,3 cm
Modellnr. 1022, Dm. 25,3 cm
Modellnr. 1020, Dm. 25,3 cm
Dahinter: Modellnr. 1021, Dm. 25,3 cm

UNTERSETZER, NACH ENTWURF VON CHRISTIAN METZGER

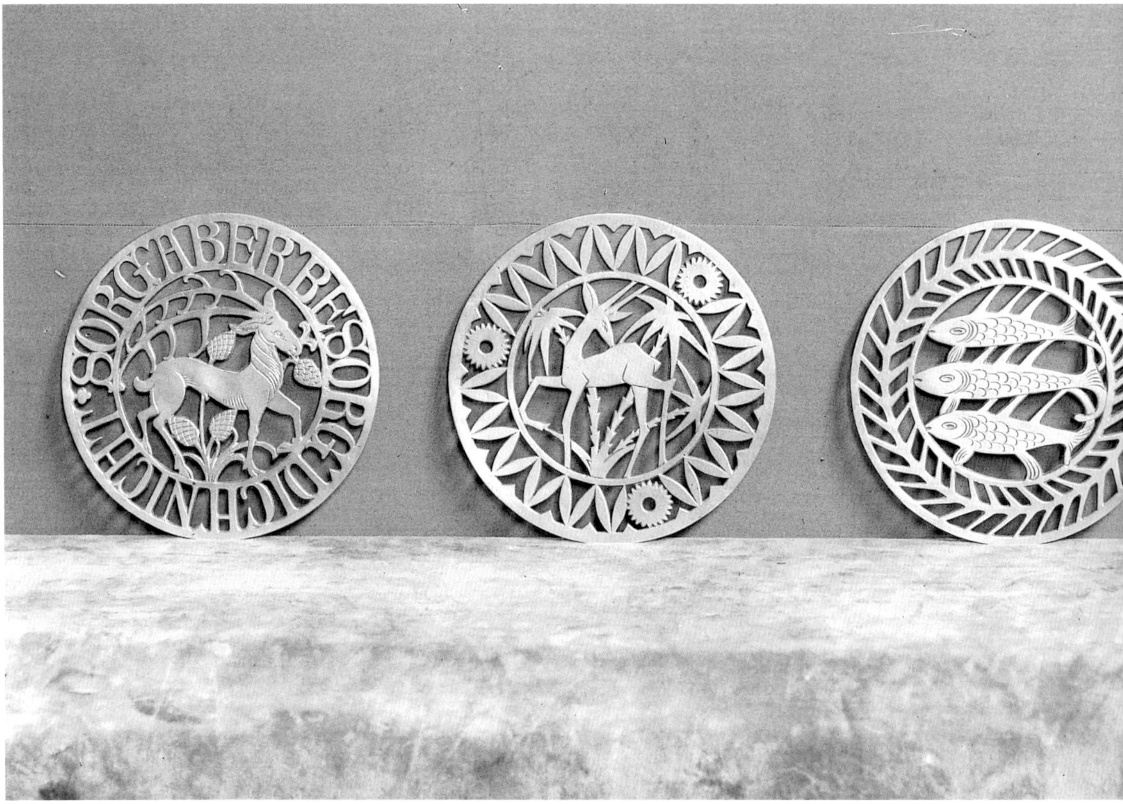

Von links nach rechts:
Modellnr. 1374, Dm. 18 cm
Modellnr. 1372, Dm. 18 cm
Modellnr. 1373. Dm. 17,5 cm
Modellnr. 1371, Dm. 17,5 cm
Modellnr. 1371a, Dm. 18 cm

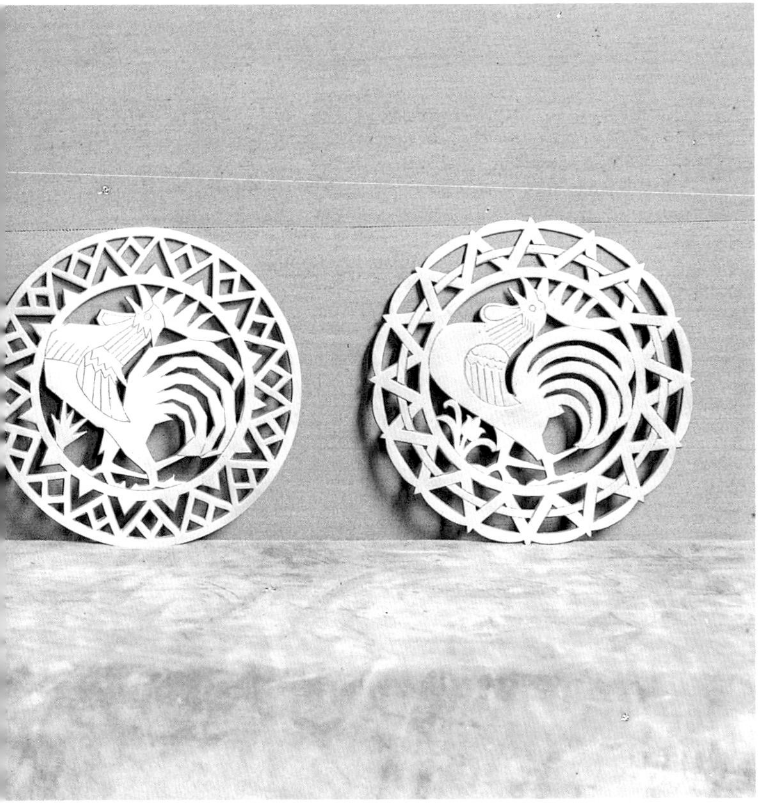

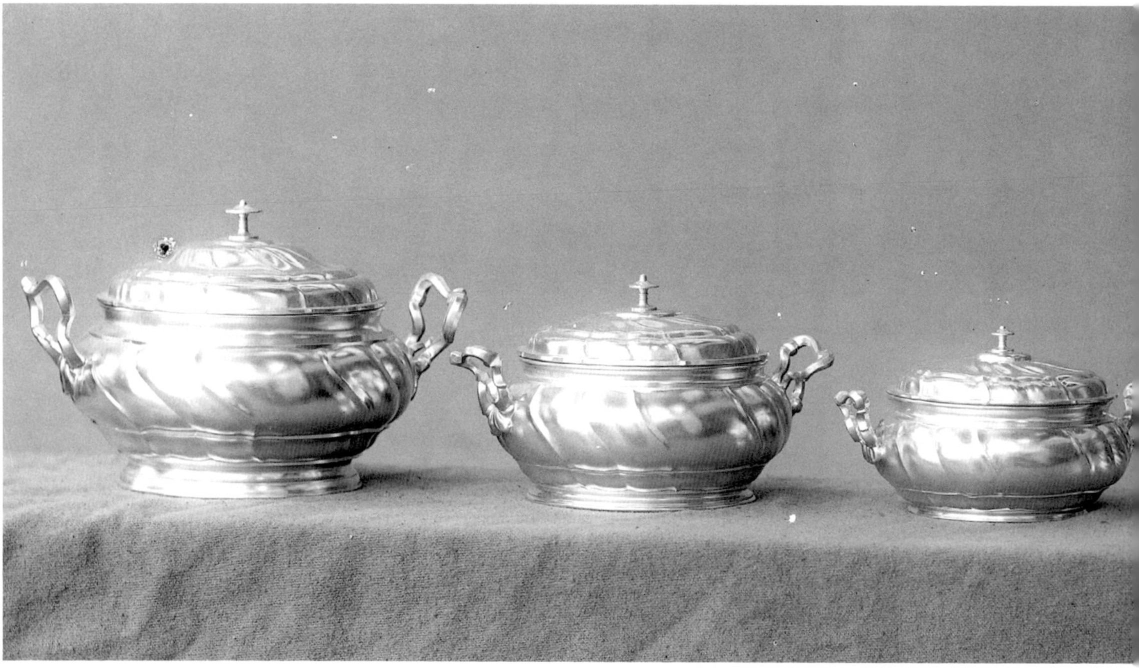

Von links nach rechts:
Modellnr. 222, Rokoko, L. 25 cm, B. 20 cm, H. 16 cm, 2 l
Modellnr. 223, Rokoko, L. 21 cm, B. 17,5 cm, H. 12,5 cm, 1,25 l
Modellnr. 224, Rokoko, L. 18,5 cm, B. 14,5 cm, H. 10 cm, 0,75 l
Modellnr. 238, Rokoko, L. 12,5 cm, H. 12,5 cm
Modellnr. 279, Rokoko, L. 22,5 cm, H. 16 cm

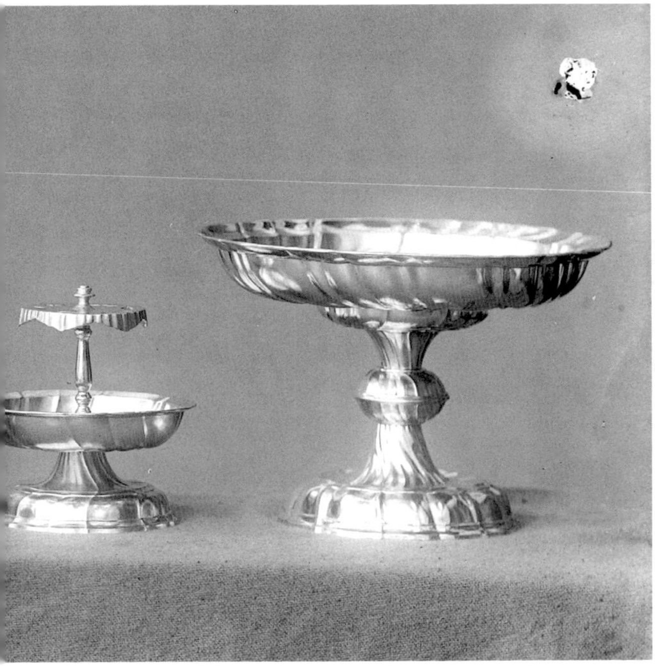

WEINKÜHLER, AUFSATZ, FRUCHTSCHALEN

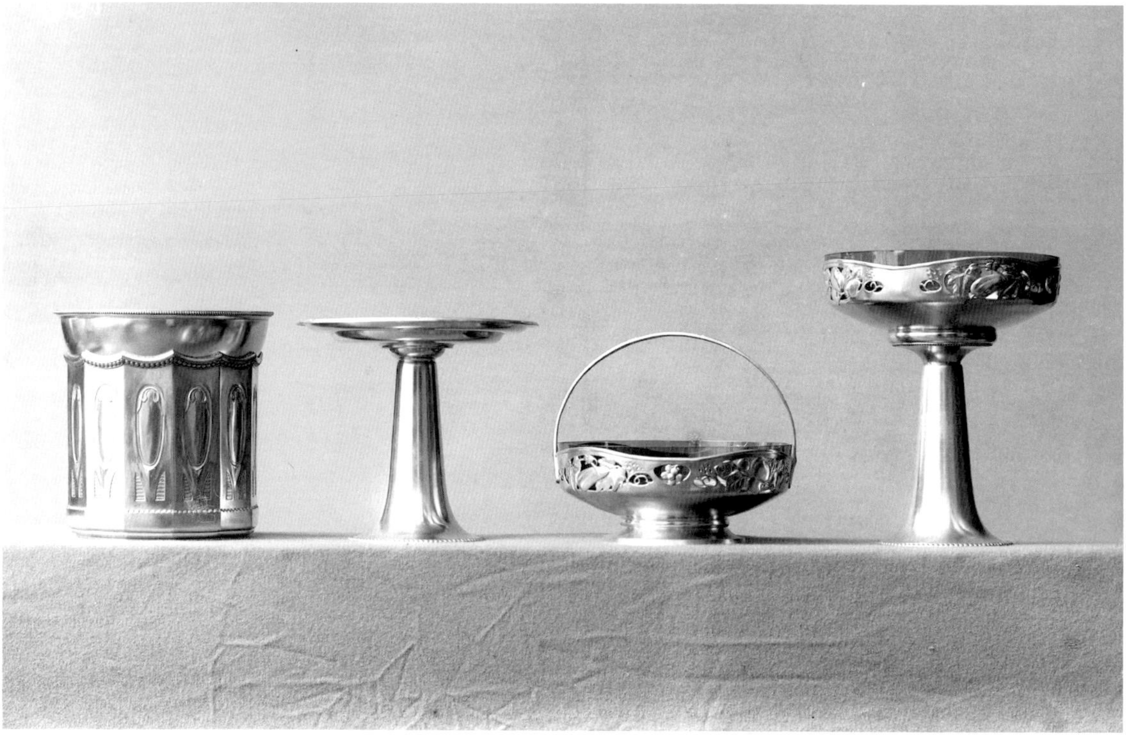

Von links nach rechts:
Modellnr. 477, L. 22,5 cm, H. 23 cm
Modellnr. 869, L. 25 cm, H. 22,5 cm
Modellnr. 867, L. 24 cm, H. 21 cm
Modellnr. 868, L. 24 cm, H. 29 cm

Umschlag Vorderseite: Wolfgang von Wersin, Heißwasserkrug
Nr. 2005, 1936, Fotografie sowie Entwurfszeichnung
Rückseite: Ansicht des Hauses Wiedamann mit Laden,
um 1933, Fotografie, Archiv Familie Wiedamann

Begleitband zur Ausstellung
»Weg zur Form. Die Zinngießertradition der Familie Wiedamann«
im Kunst- und Gewerbeverein Regensburg e.V.
vom 26. November 2016 bis 6. Januar 2017

Ein besonderer Dank ergeht an die Familie Wiedamann, den
Kunst- und Gewerbeverein Regensburg e.V. sowie die Leihgeber,
darunter das Germanische Nationalmuseum, Nürnberg und das
Museum zur Geschichte von Christen und Juden, Laupheim.

Fotografien: Dr. Otto Baumgärtel, Peter Ferstl,
Georg Janßen (Germanisches Nationalmuseum Nürnberg),
Michael Preischl (Museen der Stadt Regensburg)

STADT
REGENSBURG

Bibliografische Information der Deutschen Nationalbibliothek:
Die Deutsche Nationalbibliothek verzeichnet diese Publikation
in der Deutschen Nationalbibliografie; detaillierte bibliografische
Daten sind im Internet über http://dnb.dnb.de abrufbar.

1. Auflage 2016

Leibnizstraße 13, 93055 Regensburg
Umschlaggestaltung: Jindrich Jetel, Regensburg
Satz: typegerecht, Berlin
Druck: Erhardi Druck GmbH, Regensburg
ISBN 978-3-86845-141-2

Weitere Informationen zum Verlagsprogramm erhalten Sie unter:
www.universitaetsverlag-regensburg.de